JN058668

作業療法士が伝えたい

ケガをしない家づくり

住宅内
事故を防ぐ
50の
方法

MITSUMOTO Takaharu

満元貴治 著 | 作業療法士
安全な家づくりアドバイザー

学芸出版社

はじめに

　家の中でたくさん事故が起こっていることを知っていますか？

　私たち作業療法士には当たり前の事実ですが、家づくりのプロである建築関係者は意外に知らない人が多いようです。

　さらに、家づくりの一場面で、こんな言葉も聞こえてきます。

「後から考えたらいい」

　これは、年齢を重ねて身体が変化した時、病気やケガした時にはじめて住まいを改修したらいいという意味です。家づくりという人生で最大のイベントで、将来を案じていろいろ考える住まい手もいるはずですが、その際に先のような言葉を言われ、そのまま受け取らざるを得なくなるのです。そして、「後」になった時には、「時すでに遅し」の場合がほとんどなのです。

　例えば、歯医者を思い浮かべてください。定期的にクリーニングに行っている方は少ないと思われます。ほとんどの方の場合、「虫歯になった」「痛みがでた」時にはじめて、歯医者に行くはずです。人は何か問題が起こらないと行動しないということです。

　そして、何か悪いことが起こった時、それにつれて人生も変わってしまうのです。そのように悪い状況に陥った状態では、冷静な判断もできなくなり、本人だけでなく家族の負担も大きくなっていきます。

　これは高齢者だけの話ではなく、小さい子どもや現役世代にとっても重要なことです。

　本書では、家の中での転倒・転落の話が多くでてきます。それを踏まえ、住宅内事故を防ぐためにどうすればよいのかを「50の方法」として提唱しています。

それは遠い未来の話？　自分には関係ない？

　本書をお読みいただくことで、住宅内事故である、転倒・転落というのは、きわめて身近な問題であり、自分自身だけでなく、私たちの大切な人の身体にも影響を与えるものだと、ご理解いただけることと思います。

　20年後、30年後、「この家で良かった」と思ってもらうためにはどうしたらいいのか？

　それは、今を大切にすること。そして、今の幸せを継続させるために、将来のことを考え続けることです。ただ、将来を考える場合、見えない不安に襲われますよね。

　ここで確実なことは、誰でも年齢を重ねていくという事実です。例外はありません。だからこそ、自分たちは年齢を重ねると「どう変化するのか」ということから目を逸らさないようにしてほしいのです。

　年齢を重ねるだけでなく、子どもや妊婦では何が危険なのかなど、すでにわかっている事実をもとに家づくりを考えてもらいたいのです。それが、建築のプロが目指してほしい「ケガをしない家づくり」だと思うのです。

　家づくりの段階で、一度立ち止まって考えてみる。「家族を守り、家族が安心して暮らせる家」が「あたりまえ」になる必要があります。私たちが「普通に帰りたい場所」を、「安心・安全にする」ということは、その人の人生を守り、そしてより良いものに変えるということと同じです。

　本書は、そのような視点から、私が伝えたい想いをまとめたものです。

Chapter

0

安全持続性能® を満たした
住宅の実例

上がり框を低くして、手すりを設置している
（茨城県北茨城市・㈲鐵庄工務店）

踊り場付きのまわり階段、手すりは1段目まで設置
(広島県広島市・旭ホームズ㈱)

入り口が引き戸で便座の向きも入り口と並行、手洗い器も設置している
（埼玉県さいたま市・㈱無添加計画）

おもちゃ部屋、勉強部屋、趣味部屋だけでなく、将来寝室として使用できる
（茨城県つくば市・㈱高野工務店）

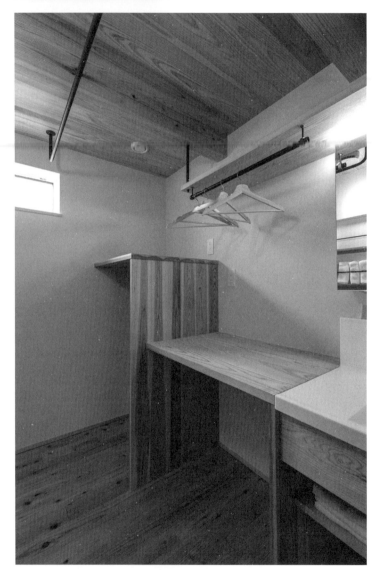

天候・気温関係なく干せて、年齢を重ねても安心して使用できる
（大阪府東大阪市・大幸綜合建設㈱）

**広く設計することで、歩行補助具を使用する高齢者だけでなく、
子育て世帯にとっても使いやすい**
（新潟県三条市・㈱サトウ工務店）

フラットなリビングで子どもから高齢者まで安心・安全に過ごせる
（広島県呉市・高橋工務店㈱）

目次

Chapter 7
図解 安全持続性能 **その他編**

浴室、ベランダなど万が一の危険防止のために ——————— 179

Chapter 1

ケガをする前に救いたい
私の活動経験から

1 | 医療従事者としての経験を生かして

🏠 医療従事者時代に考えたこと

　私は医療従事者として11年間にわたり、リハビリテーション病院や総合病院で検査・評価を含め、3,000人以上の患者に関わってきました。担当した患者は、最年少が0歳で最高齢は100歳を超える幅広い世代であり、私にとっては老若男女を問わず他者の身体に関わる毎日でした。

　私が作業療法士になったのは、人を助けたい、救いたいと思ったからです。しかし、どれだけ努力しても、後遺症が残った人を助けることはできませんでした。そこで、私は「医療は決して万能ではない」ということを学びました。病気やケガをした方の身体を元通りに「近づける」ことはできても、元気だった頃の身体と「同じにする」ことはできないのです。つまり、病気やケガをできるだけ予防することが重要であり、その結果、健康寿命の延長、医療費の削減による社会持続性などが実現できるだろうと考えています。

🏠 介護・介助による疲弊

　介護・介助が必要になったケースでは、そのご家族である「介護・介助者の疲弊」も大きな問題となります。例えば、移乗動作(ベッドから車いす、車いすからトイレなどに移る動作)の介

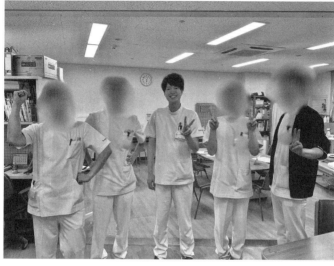

総合病院時代

助で身体のどこかを痛める、終わりが見えない介護・介助により精神的に追い詰められる、仕事を辞めたり趣味活動を制限されること、誰にも相談できない孤独感など、介護・介助者の負担は想像を絶します。

　実際の臨床現場でも、疲弊した介護・介助者が休息できるように、被介護・被介助者をレスパイト入院（短期入院）するケースは散見されます。場合によっては、介護・介助者自身が倒れてしまい、入院することもありました。これでは家族にとってつらい状況は改善されないままとなるのです。

2 | 作業療法士としての私の職務変遷

🏠 リハビリ病院に勤めて

　私の作業療法士としての変遷は、養成学校を卒業後に回復期と呼ばれるリハビリテーション（以下、リハビリ）を集中的に行なう病院へ就職しました。ここでは主に脳血管傷害（脳卒中など）、整形外科疾患（骨折など）を多く担当し、中には難病と呼ばれる疾患の方も含まれています。

　退院後支援という形で住宅改修や家屋調査などを数多く経験することができました。その中で、「帰りたくても帰れない」ケースが非常に多く、退院後の支援に難渋することもあったのです。

　特に印象深いケースとしては、住宅内環境を整備すれば在宅復帰ができるのに、整備するための住宅改修に費用を出すことを家族が拒否したことです。これに関しては家族内での反対があり、結局は施設に行くことになりました。決して施設入所することがダメというわけではありませんが、本人が在宅復帰を望んでいても家族内で意見の相違があれば、帰れないケースがあるということです。介助・介護に不安を感じて、在宅復帰を望まないケースだけでなく、住宅改修のお金を出すのがもったいないと考える方も多かったです。それであれば、わざわざ古くなった住宅にお金を使うよりも、施設

入所を選択することは十分考えられることです。

🏥 総合病院整形外科に勤めて

　次に回復期から急性期と呼ばれる、手術後から早期にリハビリを行なう総合病院に就職しました。ここでは、主に整形外科の中でも「手外科」という上肢に特化した領域でリハビリを行ないました。スポーツ中の事故、交通事故なども多く担当しましたが、驚いたのは「住宅内事故」での受傷です。

　例えば、階段から転落した、窓を閉めようとイスに上ったら転落した、玄関で転倒したなど、「いつ、どこで、どんなもので、どのように」ケガをしたのかは様々ですが、住宅内で発生しているケースは多かったです。私が勤めていた総合病院では、治療が難渋する患者さんが多く来院しており、手術も大変、リハビリも大変というケースを数多く担当しました。その中では、イスから転落し、手関節（手首）がいわゆる粉砕骨折をしてしまい、長期間にわたるリハビリが必要になり、しびれが残存するなど後遺症にも苦しんだ方もいました。

　その中で印象的だったのは、手がマヒして変形した高校生を担当したことです。未就学の時にケガをして、病院にて固定をしてもらっていましたが、阻血障害により神経障害、血管障害が出現、結果として手指や手関節のマヒと変形が起こってしまいました。10年以上経過して当時勤めていた病院に入院し、機能再建術を複数行ないながら長期にわたるリハビリを行なった事例です。ケガをして人生が変わってしまうのは

高齢者だけでなく、子どもも当てはまるということを痛感した出来事です。

🏥 リハビリ病院の地域医療連携室に勤めて

最後に再び回復期のリハビリ病院にて地域医療連携室に所属して前方支援に携わりました。地域医療連携室というのは、転院をスムーズに行なったり、他院との連携を図ったりする部署です。主に看護師、社会福祉士が所属していますが、私は作業療法士として所属しました。前方支援とは主に転院前の患者さんの状態確認や、他院のリハビリ担当者や社会福祉士との連携を図ったりすることです。患者さんのご家族にもお会いして、不安解消のために気持ちに寄り添うことも行なっていました。

🏥 臨床での経験

臨床現場での経験は、患者さんのリハビリだけでなく、受傷機転（ケガをした経緯）や退院後の生活まで様々なことを考えさせられました。その中で大きくなった想いが前述した「全ての人を救うことはできない」ということです。

リハビリをすることで、受傷前や病気になる前に近づけることはできますが、「完全に元通り」ということはありません。例えば骨折をして、手術になった場合、骨折箇所を固定するためにメスで皮ふを開けて固定器具（金属のプレートやスクリュー）をいれます。そうすると手術後の癒着（組織同士がくっ付く）な

どにより、関節が動かしにくくなることで可動域が制限されるなど、あらゆることで身体の変化が起きます。可動域が改善したとしても、術部の違和感、感覚鈍麻などが残ることは多いです。

　私も10年前、スポーツ中に膝の前十字靭帯損傷、内側半月板損傷により靭帯再建術を行ないました。12か月に及ぶリハビリをしましたが、その後、膝の脱臼感がフラッシュバックしてスポーツするのが怖くなりました。また、術部周囲の感覚鈍麻は10年経過しても完全になることはありませんでした。つまり、ケガをした時には、大なり小なり人生が変わってしまうということを文字通り身をもって痛感したのです。

3　SNSで想いを発信

🏠 住まいづくりを通しての悩み

　医療従事者として「人の役に立ちたい」「人を救いたい」という想いで働いていましたが、後遺症が残る方を相手にした時、とてつもない無力感を感じていました。

　そんな時、プライベートで家づくりをすることになり、住宅に関することをいろいろと調べていました。すると、臨床現場では知り得なかった様々なことを改めて知ることになっ

たのです。家が完成した後も、住宅に関することを調べていく中で、「住宅内でたくさんの事故が発生している」ということが分かりました。こうしたことを踏まえて、医療従事者として、家づくりに真剣に取り組んだことから、住宅内の事故を予防することでケガする前に人を救えるのではないかと考えたのです。その想いを強く持ち続けながら、2021年に一念発起して病院を退職。その後、住宅の安全性をアドバイスする事業を構想し、2022年に株式会社HAPROTを立ち上げました。

　私は2016年に住まいづくりを経験しています。完成後にいろんな情報に触れる中で、「もっと調べておけば良かった」「何でこのことを建築実務者は誰も教えてくれなかったのだろう」という不信感や後悔の気持ちが募りました。2016年当時は今ほどSNSが流行っておらず（YouTubeで住宅系の方々が情報発信を始めたのが2018年頃からでした）、情報収集するのは主に住宅展示場や大手ポータルサイトでした。

🏠 ブログとの出会い

　住み始めてから後悔が募ることで、住まいに対してネガティブな気持ちを毎日抱えながら過ごしていました。そんな時、2018年に行きついたのが「ブログ」という表現方法です。ブログを通して自分自身の気持ちの整理や、これから住まいづくりする人に後悔してほしくない気持ちから、赤裸々に想いを執筆しています。初期の頃は180日間にわたって毎日投稿

するなど継続して情報発信を心掛けていました。そんな中、とあるブログランキングサイトで1位になったり、月間のPV数が3万回を超えることもありました。

　私の経験や考え方が読者に届き、コメントでも「参考になった」と言ってもらえることも増えてきました。最初は気持ちの整理のために始めた作業でしたが、今振り返ると、それが私の今の仕事の原点になっています。

⊞ YouTubeチャンネル誕生

　そこからより多くの方に情報を届けたいと思い、2020年に始めたのが「YouTube」です。YouTubeチャンネル「ヨシローの家」では、住宅に関する様々な情報を発信しています。自分自身が施主として経験したことや、建築実務者とは異なる視点からの情報提供を心掛けています。

　ちなみに、「ヨシローの家」とは、第三者からの視点で情報を伝えたいという私の表現上の分身のような存在であり、今で言うアバターみたいなものです。

　2023年7月時点で私のチャンネル登録者数は7,700人を超え、10数万回の再生数を誇る動画もあります。これらの数字は、決して多いわけではありませんが、私の視聴者からは「作業療法士視点での動画が勉強になる」といった感想もいただいています。また、Twitter、InstagramなどのSNS総フォロワー数は1.6万人（2023年7月現在）です。2018年にブログを始めていなかったら、今の私の活動はなかったと思います。

YouTube チャンネル「ヨシローの家」

　SNSを視聴した方から問い合わせもたくさんいただきます。特に住まいづくりで悩んでおり、アドバイスを求める方が多いです。アドバイスや動画などの感想などもいただきますが、「YouTube チャンネルに出会えて良かった」「アドバイスを聞けて良かった」などポジティブな反応をいただいています。

　私自身が経験したこと、考えたことが視聴した方の参考になっていると思ったら、運営をしていて本当に良かったと感じています。今後も、住宅に関する情報を発信し続け、より多くの方々の参考になるようなコンテンツを提供していきたいと思っています。

Chapter

2

帰りたくても、
帰れない家

1 作業療法士という職業

🏠 作業療法士とは

作業療法士という職業については、多くの人が詳しく知らないと思います。作業療法士は、現在、約9万4,000人おり（2020年時点）、病院やクリニックをはじめ、在宅医療など、様々な場所で活躍しています。

作業療法士になる方法は「養成校」を卒業すること、かつ「国家試験」に合格することです。養成校は大学、3年・4年の専門学校から選択することができます。養成校では解剖学、生理学、運動学などの基礎となる内容や、身体障害や精神障害など専門分野の学習内容もあります。特に作業療法士は日常生活動作に関わるリハビリを専門にしています。身体の基本的な構造だけでなく、心理面や家族構成や家屋状況などの背景、疾患の予後予測（病状についての見通し）などから患者さんがその人らしく生活できるためのリハビリを考えます。また、疾患によっては失った機能を補うために、残存機能（残された機能）を生かして自助具と呼ばれる「自分自身で容易に行なえるように補助し、日常生活をより快適に送るために、特別に工夫された道具」を提案・作成することもあります。

人の生活に関わる諸活動を「作業」と呼び、病気やケガ、ライフステージの変化などにより「作業」が困難になった方に対

して作業療法士は「リハビリ＝作業療法」を実施します。作業療法には、住宅内の環境設定も含まれており、対象者が「その人らしく暮らしていくため」のリハビリを行なうことから、「生活の専門家」とも言い換えることができます。

🏠 実習時代の経験

　養成校では学科だけでなく、病院で実務を経験する「実習期間」も設けられています。実習での経験により、自身の適正などを見極めて卒業後の進路を決定する場合も少なくありません。私も脳梗塞の専門病院、手が専門の整形外科、介護老人保健施設の3箇所で実習しました。

　最初の脳梗塞の専門病院で印象的なエピソードがあります。それは担当した患者さんのリハビリメニューを指導者と考えている時のことです。「作業療法士として、患者さんに何ができる？」という指導者の問いがあったのですが、何も答えることができませんでした。「その人は自宅に帰って何をしたいのか？」

　学生として、より長く患者さんと一緒に過ごしていたことを振り返りながら、言葉の節々を思い出しながら考えて、やっとたどり着いたのが「花の水やり」でした。

　病気になると、趣味などやりたいことを諦めないといけないと思う方が多いです。しかし、前述した通り、患者さんがその人らしく生活できるように考え、また失った機能については代替え案や自助具などを用いて実現できるように考える

のが作業療法士です。だからこそ、担当した患者さんが趣味であるガーデニングを行なえるように動作の練習や、ホースの位置、持ちやすいホースの選定などを実習中に提案し、実行に移したのでした。

退院日に患者さんとご家族から「あなたはきっと素晴らしいリハビリの先生になるよ」と涙ながらに言ってもらった言葉は忘れられません。小さな提案でしたが、患者さんにとってはとても大きな復帰への一歩だったのだなと思います。

卒業後はリハビリ病院や手が専門の整形外科がある総合病院などに勤務しましたが、この実習での経験がその後の仕事に生きた経験となりました。

卒業時期に行なわれるのが「国家試験」です。ここで合格しないと作業療法士として医療に従事することはできません。年1回だけ実施されるため、試験前日に緊張で眠れなかったことを未だに思い出します。

🏛 作業療法士と理学療法士の違い

作業療法士は理学療法士と間違われることが多いです。実際に医療関係者の中には「違いがよく分からない」という方も多く、違いについて度々質問を受けます。作業療法士は前述の通り、「作業」を目的に様々な手段を用いることが多いです。一方、理学療法士は基本動作（座る、立つ、歩くなど）の回復などを目的に、運動や物理療法（電気などを治療に利用すること）を行なうリハビリの専門職です。これらのことから、「動

作の専門家」とも言い換えることができます。

　作業療法士と理学療法士のそれぞれが専門的な立場から1
人の患者さんに対してリハビリを実施することは少なくあり
ません。

2 ｜ 入院期間の問題

⌂ 入院期間は短くなっている

　入院するのはケガをした人だけではありません。病気になっ
た方や風邪をひいて体力を落としてしまう方など多岐にわた
ります。治るまでじっくり入院できればいいのですが、総合
病院や大学病院などの急性期病院と呼ばれる、病気になって
間もない時期、ケガをして間もない時期を診る病院では、入
院14日を超えると診療報酬が下がってしまうため、長く入院
することが困難です [1]。もちろん、14日を超えて入院するこ
とも制度上は可能ですが、経営判断により早めの退院や転院
などを促すこともあります。

⌂ 退院後の問題

　こういった場合、手術後に体調が完全に戻っていない状態
でも14日以内に退院支援することになります。しかし、その

際に問題となるのが「自宅の環境」です。例えば、体調が万全でない場合、今までは問題なく生活できていた自宅でも、段差でつまずきやすくなったり、階段昇降が難しくなったりします。そうなると恐怖心が芽生え、自宅内での活動時間が極端に短くなり、最悪の場合、寝たきりになるケースもあります。また、段差が多いことなどを理由に自宅にそのまま帰れないケースもあり、退院支援で難渋することもあります。

　高齢化が進み、医療費がひっ迫していく中、病院も回転率を上げないと職員に十分な給与が払えません。診療報酬などの問題もあって、現行の法制度では、十分な入院期間を確保できないのが実情です。また、高齢者施設にしても、物価上昇による固定費の増加や、人手不足から入居費用を上げざるを得ず、入居者が限られる可能性もあります。

　今の状況が決していいとは思いませんが、治療・リハビリ後は「自宅に戻る」ことを第一に考えなくてはいけなくなるかもしれません。そのためにも、住環境を整えておくことは、これからの家づくりで必須のポイントになるでしょう。

3 　帰れる家にするためには

🏠 病院から家に帰れる条件

　骨折の部位や病気の種類（脳梗塞など）によっては、リハビリ病院などの回復期病院と呼ばれる、病気やケガなどで治療を受けた後、自宅での生活に戻ることや社会復帰を目的として、集中的にリハビリを受けるための病院に転院することが可能なため、リハビリする期間を延長することができます。

　その間に、自宅内の環境設定（リハビリの専門家による家屋調査・住宅改修の提案など）を行なうことができます。介護保険による住宅改修には20万円の上限（収入に応じて1〜3割は自己負担）がありますので [2]、全ての問題点を解消できないことが多いです。

　病院から在宅復帰の際に必要な要素は下記の3つだと考えています。

- ▶ セルフケア
- ▶ 家族の協力
- ▶ 安全な住宅内環境

　例えばセルフケアが自立しており、安全な住宅内環境が整っていれば、家族の協力を得られない場合でも在宅復帰の可能性が高まります。一方でセルフケアが自立しておらず、介助が必要な場合でも、家族の協力が得られて住宅内環境が整っ

セルフケア：日常生活を自力で送っている（食事）

家族の協力：家族が歩行介助している様子

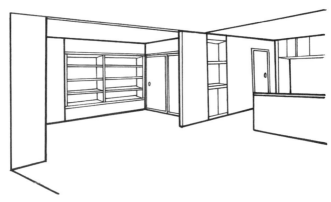

住宅内環境：段差がないリビング

ていると在宅復帰に繋がりやすいです。つまり、3つの要素の中で2つの要素を満たしていると在宅復帰しやすくなります。

　ただし、セルフケアの自立、家族の協力に関しては疾患や身体の状況、家族関係など、私たちがコントロールできない部分です。そこで重要なのが「住宅内環境」です。これから家づくりをする時点で将来を見据えた間取りにしておき、リフォーム・リノベーションの時点で提案することで、将来のリスク回避に繋がるのです。

🏛 入院期間中に住宅改修するのは難しい

　「2 入院期間の問題」（p.31）でも記載の通り、入院期間は短くなっており、入院期間で大規模な住宅改修はほぼ不可能です。それだけでなく、細かい住宅改修であっても難しいもの

住宅改修となると家族の負担も厳しい

です。また、医療費の自己負担額も増えていく恐れがあり、入院費だけでなく、住宅改修の費用がかかってしまうのは本人だけでなく、家族の負担に繋がります。だからこそ、元気な時に将来を見据えた間取り設計を考える必要があります。

4 | 家づくりは、人生100年時代前提で

🏠 人生100年時代

現在、平均寿命は男性81.47歳、女性87.57歳です [3]。1980年以降は右肩上がりに推移しています。

〈90歳を迎える割合〉

▶ 1980年生まれで男性の9.4%、女性の21.2%

▶ 2000年生まれで男性の17.3%、女性の38.8%

▶ 2020年生まれで男性の28.1%、女性の52.6%

つまり、多くの方が現在の平均寿命を超えて90歳を迎える可能性があるのです。また、100歳以上の人口も2022年に9万526人と過去最多を更新しており [4]、どんどん長寿命化しているのです。65歳以上人口が総人口に占める割合である高齢化率も1985年に初めて10%、2005年には20%に到達しました。2022年は29.1%、2040年には35%を超えると予想され

赤ちゃんから高齢者へ

ています。高齢者の人口も2022年は3,627万人ですが、2040年には3,910万人と予想され、人口は減っていきますが、高齢者の人口は増えることが確実視されています [5]。今後も増え続けていくと考えられており、「人生100年時代」と呼ばれている現代だからこそ、長生きすることを前提に家づくりをしていくことが必要になります。

🏠 高齢者がいる世帯の増加

2017年には全世帯で高齢者がいる世帯の割合が47.2％であり、そのうち他世代と同居しているのが51.1％、高齢者の単独世帯もしくは夫婦のみが28.9％です [6]。また、高齢者を対象にしたアンケートによると、持ち家一戸建てに住んでいる

と回答したのが81.4％、現在の住まいの居住年数は31年以上が60.8％です。つまり、持ち家一戸建てに31年以上住んでいる方が最も多いということになります [7]。全世代を対象とした住宅の個別要素に対する不満率では過去3回とも「高齢者への配慮」が最も高くなっています。その他の不満を感じている人の70％以上ができれば住み続けたいと考えていますが、その内20％はリフォームや建て替えを検討しています [8]。

　高齢者がいる世帯は年々増加傾向である中で、他世代が同居していない世帯も半数近くということは、年齢を重ねた時、自分たちだけで生活を送っても暮らしやすい住宅なのか？というのはとても重要な問いです。仮に現在の自分たちが30年後にどんな身体になっているのか？と考える人は少ない印象です。しかし、私たちは例外なく歳を重ねていきます。その時どんな身体状況なのかを知っておくだけでも、選択肢は変わるはずです。

5 ｜ 身体の変化

🏠 加齢による身体の変化

　高齢になることで、様々な身体の変化が起こります。
身体の変化の特徴を5つ挙げます。

①筋力の変化

②バランス能力の変化

③感覚の変化

④視力の変化

⑤認知機能の変化

です [9~11]。

🏠 筋力の変化

　加齢による筋力低下は大腿四頭筋（膝を伸ばす筋肉）の場合、20代と比較すると最大50％低下する恐れがあります [12]。このような筋力低下は転倒リスクを高めるだけでなく、転倒恐怖にも繋がり、結果的に活動量を減少させてさらなる筋力低下を起こします [13]。

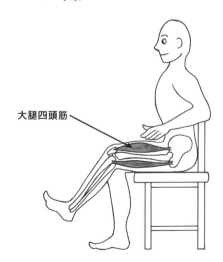

大腿四頭筋

⌂ バランス能力の変化

バランスとは姿勢を保つことです。人は静かに立っている時でも完全に静止することは不可能であり、動揺しながらも安定した姿勢を維持して姿勢の調節を行ないます。これを静的バランスといいます。

一方、走ったり、歩いたりしても倒れることなく、姿勢を保ちながら移動や動作を行なう能力を動的バランスといいます[14]。加齢によるバランス能力低下として、静的バランスでは片脚立位試験による30秒未満である割合が、50代で6％程度に対して、70代で90％へと大きく増大しています[15]。また、動的バランスでは60代以降に重心移動の低下が顕著になります[16]。

⌂ 感覚の変化

加齢による感覚鈍麻（感覚がにぶくなる）は温度の感じ方にも影響を及ぼします。高齢者に熱中症が多発しやすい理由としては、血流量や発汗量の減少だけでなく、温度に対する感覚がにぶくなることにより体温が上昇してしまい、気づいた時には熱中症になっているのです[17]。

⌂ 視力の変化

加齢による視力低下は裸眼視力で60代が0.5〜0.6、70代で平均0.4弱、80代で0.2〜0.3になるとされています[18]。物が見えにくいだけでなく、明るさ・暗さへの対応も遅くなってし

加齢による視力低下

まいます。明暗順応と呼ばれるもので、例えば朝起きてカーテンを開けた時に「まぶしい」と思ってもすぐ慣れるのが明順応、夜寝る時に照明を消して真っ暗になっても時間が経過するとまわりが少しずつ見えてくるのが暗順応です。明るさに対応する明順応は、比較的短時間で対応できます。しかし、暗さに対応する暗順応は時間を要することが特徴です。場合によっては数十分かかり、特に高齢者はそれが顕著です[19]。また、暗い環境下では転倒リスクが高まってしまうので、暗い環境は非常に危険です[20]。

認知機能の変化

問題となっているのが、認知機能の低下による認知症の増加です。認知症者数は2025年に最大750万人に達すると推計されており[21]、これは愛知県人口の748万人に近い数字です。現在は65歳以上の7〜10人に1人は認知症とされていますが、

2045年には4人に1人が認知症を発症すると推計されています[21,22]。

　認知症とは、「複数の認知機能低下の状態」と定義されています[21]。複数の認知機能というのは、「記憶」「理解」「言語」「判断」「集中」などを指しています。これらは、私たちが生活を送るのに重要な機能です。そして、これらが機能低下することで、日常生活に支障が生じます。

　物忘れがあると認知症と勘違いされますが、様々な検査・評価のもとで最終的に認知症と診断されます。ただし、物忘れは認知症に繋がる恐れがあります。それは軽度認知障害と呼ばれるものです。これは正常と認知症の間の状態で、物忘れがあっても生活には支障がありませんが、この状態から最大30％は認知症に移行する恐れがあります。正常の場合が2％なので、とても高い割合です[23]。軽度認知障害は2012年時

決して他人事ではない認知症

点で国内に約400万人いるとされており [24]、決して他人事ではない状況です。

認知症を発症すると、正常よりも転倒・転落の危険が高まるとされています [25]。住宅内の障壁を認識できない、状況判断ができないことによって、外的要因によるリスクも高まってしまいます。また、社会的交流、身体活動は予防の意味でも必要不可欠となります。

🏠 ケガによる変化

認知症以外にも怖いことがあります。それは「大腿骨近位部骨折」です。大腿骨とは太ももの大きい骨であり、近位部というのは足の付け根の部分です。大腿骨近位部骨折は高齢者で多発する骨折であり、2020年には大腿骨近位部骨折した人数は24万人に上っています [26]。2030年には29万人、2040年には32万人に増加すると推計されています。発生率も40代以上で増え始め、60代以降は一気に増加します。

大腿骨近位部骨折発生の特徴は、

①転倒が最も多い

②発生場所は住宅内が85%

③住宅内の外的要因（ホームハザード）が原因だったのは25%

これらが特徴です [27]（ホームハザードは、後ほど「3章　1住宅内でのホームハザード」(p. 52) で詳細に説明します）。

つまり、最も発生している住宅内事故は、環境整備によるホームハザードの除去が重要ということです。骨折後には手

転倒での骨折リスク

術が必要になり、リハビリ病院へ転院した場合には、最大90日入院リハビリを行なうこともあります。

　大腿骨近位部骨折の手術後に認知症になるリスクも高まります。集中して話を聞けないなどの「注意障害」、日時や自分のいる場所が分からない「意識障害」など一時的に障害が起こる「せん妄」が高齢者の術後に出現しやすく、せん妄が出現している人は出現していない人と比較すると認知症に移行しやすいとされています[28]。

　大腿骨近位部骨折は1年以内の死亡率が10％程度とされています[26]。場合によっては寝たきりへ移行することもあります。骨折だとすぐ治るという風に思っている方もいますが、

一度受傷することで人生が変わってしまうことも考慮しておく必要があります。

---

6 | 子どもや妊婦の特徴と事故の状況

これまで高齢者をメインにお伝えしておりましたが、子どもや妊婦の危険についても解説します。

🏠 子どもの特徴

まずは、子どもですが、小児（2歳以下）の特徴として下記が挙げられます [29]。

● 歩き（立ち）始め、歩き回る

● 頭を打ちやすい

● 興味・関心が強い

● 慌てて移動する

私も3人の子どもを育てていますが、予測できない行動が多々あります。そして、24時間見守ることができないことも重要なポイントです。親も食事やトイレ、整容、入浴など日常生活を送っていると、目を離してしまう瞬間は必ずあります。小児の特徴や住宅内の環境など様々な要因が重なった時に事故が発生します。

米国では5歳未満の負傷の90％、死亡の50％は自宅で発生

子どものつかまり立ち

しています [30]。日本でも未就学児の救急搬送は屋内で多く発生しています。特に1歳は1万人あたりの救急搬送の人数が232人で高齢者よりも多い数字になっており、0〜6歳で見ると原因別の1位は転倒・転落です [31]。救急搬送された場合、1割以上は入院が必要な中等症や命に危険がある重症となっています。6歳以下では骨折の80％が転倒・転落で発生しており [32]、骨端線（成長軟骨）損傷により正常な骨の成長ができない恐れもあります。成長障害と呼ばれる骨短縮や骨変形を引き起こし、手術を多数回行なうこともあり、長期間放置すると重篤化してしまうこともあります [33]。

　0〜6歳の救急搬送の原因4位であるヤケドですが、子どもはヤケドした場合、大人よりも深いヤケドになるケースが多いです。この場合、数日で治るヤケドではなく、治癒までに数週間以上かかるようなヤケドが増えます [34]。高温の表面に

意図しない接触をした場合、接触している時間を健康な大人では一般的に1秒とするのが望ましいとされています。しかし、24か月までの子どもの場合は、高温の表面に接触してから「熱い」と気づくまでに大人よりも時間を要してしまいます [35]。ヤケドも転倒・転落と同様に住宅内環境によって引き起こされることが多く、住宅内環境へのアプローチを行なう必要があります。

🏠 妊婦の危険

　次に妊婦です。妊婦の変化として、急激な腹部の重量や腹囲の増加などが起こります。妊娠中のお腹の重さは5〜6kg程度とされています。妊娠経過とともに前後重心移動量が減少し、重心を動かせる範囲を示す安定域面積が減少します [36]。つまり、妊娠経過とともに重心移動できる範囲が狭くなります。米国においては、働いている妊婦の26％は転倒経験があり、65歳以上の高齢者での転倒と同程度の割合です [37]。

　国内の妊娠中の転倒率は19.9％とされており、歩行中の転倒は妊娠中期から発生し、階段を降りている時の転落は妊娠初期から発生しています。歩行時での転倒件数が転倒動作全体の3割強であり、続いて階段を降りる動作、立ち上がり動作、しゃがみ動作です。転倒場所としては道路が最も多く、住宅内では居室・玄関、階段、浴室、寝室と続きます [38]。転倒により入院した妊婦は、非妊娠女性と比較すると2.3倍多いのです [39]。また、著しい転倒は治療を必要とする母体外傷の

17〜39％を占め、胎児の3〜7％の死亡を含む結果となります[40]。これらからも転倒や転落が多く発生しているだけでなく、母子にとっては危険ということが分かります。

　妊娠が経過すると転倒件数は増加します。特に妊娠末期では妊娠初期の5倍、妊娠中期の2倍も発生しています[38]。腹囲の増加により、足元が視認しにくくなるだけでなく、骨盤の影響などから足を横に広げたような歩き方になるなど[41]、身体的変化により転倒・転落しやすい状況になります。

　また、ホルモン変化（プロゲステロン）により察知能力や認知機能の低下、集中力の低下が起こります[42]。これにより住宅内環境に十分注意することができなくなってしまいます。転

妊婦のつまずきは危ない

倒した際には本人だけでなく、お腹の中の胎児にも影響を及ぼす可能性があります。こうした身体的変化だけでなく、住宅内環境によっても妊婦にとってはよりリスクを高めてしまいます。

1. 厚生労働省：一般病棟入院基本料の主な報酬・施設基準について
2. 厚生労働省：介護保険による住宅改修
3. 厚生労働省：令和3年簡易生命表の概況
4. 厚生労働省：人生100年時代構想会議中間報告
5. 内閣府：令和4年版高齢社会白書、2023
6. 内閣府：令和元年版高齢社会白書、2020
7. 内閣府：高齢者の住宅と生活環境に関する調査、2018
8. 国土交通省：平成30年住生活総合調査、2019
9. Centers for Disease Control and Prevention: *Facts About Falls*, 2016
10. 岩﨑 真一：高齢めまい患者特有の病態、歩行機能と転倒、耳鼻咽喉科・頭頸部外科、92、2020、pp.410-414
11. 伊井 公一、山中 健行、鈴木 一弘、廣瀬 健人、神野 祐輔、山田 和政：転倒低リスク高齢者における転倒要因と転倒予防に向けた一考察、理学療法科学、2017、pp.763-767
12. Al-Abdulwahab SS: *The effects of aging on muscle strength and functional ability of healthy Saudi Arabian males*, Ann Saudi Med, 19 (3), 1999, pp.211-215
13. 大高 洋平：高齢者の転倒予防と現状、日本転倒予防学会誌、1 (3)、2015、pp.11-20
14. 中村 隆一：基礎運動学 第6版、医歯薬出版
15. Bohannon RW, Larkin PA, Cook AC, Gear J, Singer J: *Decrease in timed balance test scores with aging*, Phys Ther, 64 (7)、1984、pp.1067-1070
16. Choy NL, Brauer S, Nitz J: *Changes in postural stability in women aged 20 to 80 years*, J Gerontol A Biol Sci Med Sci, 58 (6)、2003、pp.525-530
17. 井上芳光：子どもと高齢者の熱中症予防策、日本生気象予防学会雑誌、41 (1)、2004、pp.61-66
18. 戸張 幾生、吉川 政己、江上 信雄、山田 正篤（編）：老化制御Ⅱ 臓器の老化機構と老化 測定法の研究、朝倉書店
19. 土井 正：光環境と環境適応、日本生理人類学会誌、8 (4)、2003、pp.173-178
20. 林 泰史：高齢者の転倒防止、日本老年医学会雑誌、44 (5)、2007、pp.591-594
21. 一般社団法人日本神経学会：認知症疾患診療ガイドライン2017、医学書院
22. 内閣府：平成29年版高齢者社会白書
23. 厚生労働省老健局：認知症施策の総合的な推進について、2020
24. 厚生労働省：認知症施策について、2013
25. 鈴木 みずえ、金森 雅夫：認知症高齢者の転倒予防におけるエビデンスに基づく ケア介入、

日本転倒予防学会誌、1（3）、2015、pp.3-9

26. 一般社団法人日本整形外科学会、日本骨折治療学会：大腿骨頸部/転子部骨折 診療ガイドライン2021 改訂第3版、南江堂

27. Norton R, Campbell AJ, Lee-Joe T, Robinson E, Butler M: *Circumstances of falls resulting in hip fractures among older people*, J Am Geriatr Soc. 45（9）, 1997, pp.1108-1112

28. Olofsson B, Persson M, Bellelli G, Morandi A, Gustafson Y, Stenvall M: *Development of dementia in patients with femoral neck fracture who experience postoperative delirium-A three-year follow-up study*, Int J Geriatr Psychiatry, 33（4）, 2018, pp.623-632

29. 一般社団法人日本小児科学会：子どもの事故と対策

30. Hendrickson SG: *Reaching an underserved population with a randomly assigned home safety intervention*, Inj Prev, 11（5）, 2005, pp.313-319

31. 消費者庁：平成30年消費者白書

32. 小久保 吉恭、山崎 隆志、佐藤 茂：境界領域 小児の骨折 現状と課題、小児科、49（6）、2008、pp.869-874

33. 柿崎 潤：［こどもの骨折治療 pitffall 攻略］小児骨折の問題点、Orthopaedics、33（5）、2020、pp.17-23

34. 行政独立法人 国民生活センター：こんろのグリルでの子どものやけどに注意 ―使用後でもグリル窓は高温です―、2017

35. ISO 13732-1:2006: *Ergonomics of the thermal environment—Methods for the assessment of human responses to contact with surfaces—Part1, Hot surfaces*

36. 武田 要、勝平 純司、高野 綾、江幡 芳枝、藤沢 しげ子：妊娠末期における立ち上がり動作の介入効果の検討、理学療法学、27（1）、2012、pp.73-76

37. Dunning K, LeMasters G, Levin L, Bhattacharya A, Alterman T, Lordo K: *Falls in workers during pregnancy: risk factors, job hazards, and high risk occupations*, Am J Ind Med, 44（6）, 2003, pp.664-672

38. 武田 要、井村 真澄：妊婦の転倒実態調査、母性衛生、56（4）、2016、pp.591-598

39. Weiss HB: *Pregnancy-associated injury hospitalizations in Pennsylvania, 1995.* Ann Emerg Med. 24（5）, 1999, pp.626-636

40. Connolly AM, Katz VL, Bash KL, McMahon MJ, Hansen WF: *Trauma and pregnancy*, Am J Perinatol, 14（6）, 1997, pp.331-336

41. 武田 要、勝平 純司、高野 綾、江幡 芳枝、藤沢 しげ子：妊娠末期における歩行時の身体負荷量、理学療法科学、23（5）、2008、pp.573-577

42. 病気がみえる vol.10 産科 第3版、MEDIC MEDIA

住宅内で
転倒・転落が
起きるところ

1 住宅内での
ホームハザード

　転倒・転落が発生する要因は下記の3つです。

①身体機能や認知機能などが影響した「内的要因」

②住宅内環境などが影響した「外的要因」

③喉が渇いた・トイレに行きたいなどの生理学的現象が影響した
「行動的要因」

　単一で転倒・転落を引き起こすのではなく、3つの要因が複雑に相互で影響し合って転倒・転落が発生します[1]。例えば心身機能が極端に低下している寝たきり状態だと、外的要因は影響しにくくなります。反対に内的要因は問題なくても、外的要因に問題があるとリスクは高まってしまいます。この外的要因は住宅内の危険という意味で「ホームハザード」と表記されます。

　「住宅内のどこが危険なのか？」「どういう事故が起こってしまうのか？」

　これらを理解しておくことは、住宅内環境を考える上で非常に重要になります。

2 │ 住宅内の転倒・転落

　東京消防庁によると、東京消防庁管内では2020年の転倒・転落による高齢者の救急搬送人数は約6万人、そのうち転倒の60％、転落の78％が「住宅」で発生していると発表しています [2]。各データからの推定値ですが、少なく見積もっても全国では年間70万人～100万人は転倒・転落により救急搬送されており、東京消防庁の住宅発生率を当てはめると、「40万人～60万人は住宅内で転倒・転落して救急車で病院に運ばれている」ということになります [3,4]。

　住宅内の発生場所で最も多いのは、転倒は「リビング」、転落は「階段」です [5]。転倒に関しては浴室、トイレ内でも発生していますが、家族とくつろぐために長く過ごす空間で多く発生しています。

〈ホームハザードの例〉

①リビング、寝室、トイレ、洗面室、浴室の段差

②手すりがない、暗い階段

③玄関の上がり框

④手の届かない位置の収納

⑤カーペットや電化製品のコード、おもちゃの散乱

　など。

　これらは一般的な家庭にも存在するリスクです。カーペッ

自宅の階段での転落も

ト、コード、おもちゃに関しては片付けるなどの対策は非常に効果的です。比較的容易なため、時間を要さずに実施できます。

🏠 リビング、寝室の危険

リビングや寝室などで注意するべきポイントは「段差」です。先述した通り、転倒・転落は「内的要因」「外的要因」「行動的要因」の3つが相互作用によってリスクを高めます。運動不足やフレイル（加齢により心身が衰えた状態）、バランス能力の問題だけでなく、床がフラットな状態ではなく不均衡であったことや、手すりの欠如が関連していると報告があります[6]。

スキップフロアや小上がりなどで生じる段差は、狭小土地など限られた空間で住まいづくりをする場合を除いて推奨し

ません。100mm未満の段差であれば加齢とともに視認しにくくなります。また、100mm以上だと足が上がっておらず、つまずいたり、転落したりなどのリスクも生じます [7]。転倒の主な発生する原因は「つまずき」です [8]。これらのことから段差が住宅内にあるということはリスクを高めてしまいます。中古物件だけでなく、新築の段階でも流行りで段差を導入するのは危険ということです。

また、小さい子どもに対してもリスクになります。危険予測する能力が低いため、段差で転倒・転落を繰り返すことに繋がります。

ダウンフロアや小上がりフロアなどは段差を除去するためには工事が必要となり、お金や工期もかかるため対策は容易ではありません。そのため、ホームハザードは放置されてしまい、結果として転倒・転落事故が起きやすい環境になってしまいます。

加齢による心身の衰えも

🏠 階段の危険

　階段に関して、日本では戸建ての中で平屋が15.7％と少なく、ほとんどの戸建ては2階以上のフロアが存在します[9]。その場合、移動手段は階段となり、移動中に転落してケガをする可能性が高まります。特に住宅内の階段で最も発生している「転落」は、転倒と比較して重症度分類[10]で中等症（入院が必要な状況）、重症（生命の危険の可能性がある）、重篤や死亡が40％以上になります[2]。つまり、転落は転倒と比較して生命危機に繋がる危険が高まるということです。階段から転落して亡くなる方で、高齢者の半数以上、子どものほとんどは、「住宅内で発生」しています[11]。

　医療現場では住宅内の階段から転落して四肢の重度の骨折であったり、脊髄損傷を呈する患者もたくさん担当しました。特に年間5,000人の脊髄損傷が発生していますが、65歳以上の受傷機転（ケガをした経緯）で最も多いのが階段からの転落です[12]。手術が難渋するケースや、後々のリハビリも長期間を要した上に後遺症が残ることも多いです。要するにケガをしないように、転倒・転落を起こさないように住宅内の環境を配慮しておくことが重要です。

　階段の転落リスクとしては「手すり」「明るさ」「段差の踏面（足をのせる部分）の奥行」が関係しており、手すりがない階段、暗い階段、踏面の奥行が狭い階段が危険とされています[13]。

〈手すりの役割は3つ〉

①移動の補助

②動作の補助

③転倒・転落の防止

　階段は転落が最も発生しやすく、手すりなしは転落のリスクを高めますが、建築基準法施行令25条第4項により「床から1,000mmの部分」は手すりもしくは側壁の義務は生じません[14]。最近の住宅では下階の床から数段部分までは手すりを設置していない住宅が多く見られて、実際に手すりなしの部分から転落して骨折したケースも多いです。

　階段が暗いことにより段差を視覚的に捉えることができず、踏み外しも発生しやすいです。先述の通り、暗さに慣れる暗順応は明るさに慣れる明順応よりも時間を要してしまうので、暗がりでは事故が発生しやすいです

　段差の踏面（蹴込みを除いた奥行き）の奥行は狭いと、階段を降りる時に足の踏み外しが起こりやすくなります。200mm程度が一般的ですが、220mm未満になると転落数が増えます[13]。そのことから、220mm以上の奥行が望ましいです。まわり階段と直線階段で転落率の違いに明確に違いはありませんが、まわり部分が内角30°になる階段では内側は踏面が狭くなるため、踏み外しの恐れがあります。特に子どもを抱っこしていたり、荷物を抱えていたり、妊婦の場合は踏面を確認しにくいため踏み外しやすくなるため転落事故に繋がりま

す。「2章　6 子ども、妊婦の特徴 事故の状況」(p. 45) の通り、妊婦は階段降段中の転落が多いので踏面が狭いことはリスクを高めます。

　階段の手すり子にも注目する必要があります。住宅内の階段で手すり子の間隔 (手すり子と手すり子の幅) は建築基準法では定められておらず、間隔が広くても特に問題ありません。また、スケルトン階段のように蹴込み板がない階段もすき間が大きくあくことになります。このような場合は、子どもの転落事故を引き起こしたり、すき間があいていることで心理的に恐怖を与える可能性もあります。

🏠 玄関の危険

　次に玄関の上がり框です。玄関の上がり框が土間から200〜300mmの高さで設けているケースが多いです。前述の通りつまずきや転落のリスクもありますし、室内側から見ると上がり框に着座するためには床にかがむ必要がありますが、かがむ際に転倒する恐れもあります。玄関は高齢者の転倒・転落が発生した場所で第4位となっています [15]。若年層だけでなく、高齢者になっても外出します。

　週2回以上の外出する割合 [16] は、

- ▶60代：89%
- ▶70代：81%
- ▶85歳以上：61%

　多くの割合で外出があり、外出機会が多いため、玄関を使

用する頻度も多くなります。その際に上がり框でつまずいたケースや、靴の着脱をするために上がり框に座る時に座面が低すぎてバランスを崩すだけでなく、立ち上がる時にも筋力がより必要となるため、上手く立ち上がれずにバランスを崩す恐れがあります。

🏠 収納位置の危険

次に手の届かない位置の収納です。医療現場で多かったのが「イスや台からの転落事故」でした。手が届かない位置の収納はイスや台、場合によっては脚立を使用して取り出すことがあります。そこでバランスを崩して転落してしまうのです。収納だけでなく、高い位置の窓の開け閉めを行なっている最中に転落事故を起こし、重度の骨折になった方を何人もリハビリ担当をしたことがあります。

イスから転落

イスの高さは一般的に400〜450mmとされています。住宅内の階段の1段あたりの高さが200mm前後なので、イスに上ろうと思うと階段を一段飛ばしで上る感覚に近いと思われます。上る時には片足を上げて、片足の筋力で身体を引き上げる、下りる時には片足で体重を支えながら下ります。「2章　5　身体の変化」（p.38）で記載した通り、高齢になると筋力やバランス能力低下が起こります。そのような状況でより筋力やバランスが必要な場所への上り下りは危険です。また、手の届かない位置の収納付近には手すりなどは設置されていません。そのため、バランスを崩した際に掴むものがないことにより、真っ逆さまに転落する恐れもあります。

🏠 ホームハザードをなくすことによる恩恵

米国疾病予防管理センター（CDC）によると、「高齢者の4人に1人以上」が毎年転倒していると報告しています。2019年には、65歳以上の高齢者約3万4,000人が「予防可能な転倒」で死亡し、310万人以上が救急で治療を受けています。その内、80万人は入院しており、頭部外傷や骨折が原因です。

高齢者の転倒による死亡数は、2009〜2019年の10年間で58％増加しています。ちなみに65歳未満の転倒による死亡者は2019年に5,231人で、過去10年間では20％増加。そして、2015年の転倒による医療費総額は500億ドル以上（2023年6月現在：日本円で約7兆350億円）と言われています [17,18]。

米国の研究では、作業療法士が住宅改修を主導することで

転倒・転落を4万5,000件以上予防し、4億4,000万ドル（2023年6月現在：約620億円）の医療費削減ができると推計しています[19]。これは1人あたり約140万円の医療費削減に繋がっている計算です。

〈転倒・転落予防に必要なこと〉

①新築であれば安心・安全な住宅環境の実現

②既存住宅であればホームハザードをチェックして、住宅改修を行なう

これらが心身機能への介入と同時に必要です。

3 │ 子どもの危険

「2章　2 住宅内の転倒・転落」（p.53）で紹介した階段の転落以外にも住宅内には子どもの危険が存在しています。住宅内の事故は「不慮の事故」と表現されることがありますが、事故というのは「予測不能な事象」のことです。不慮の事故の多くが傷害、つまり予防可能な日常的な事象と言われています[20]。だからこそ、子どもの事故予防のためには危険を予測し、予防することが重要なのです。

「2章　6 子どもや妊婦の特徴と事故の状況」（p.45）の通り、住宅内で多くの事故が発生しています。

〈事故の発生場所〉[21]

● 1位 キッチン

● 2位 リビング

● 3位 階段

　キッチンではヤケド、リビングでは転倒・転落、階段では転落が最も多いです。このような住宅内の事故やヒヤリ・ハットを経験している方は24％と、約4人に1人は経験しているのです[20]。

　リビングや階段で多く発生している0〜6歳の転倒・転落では約87％が軽症ですが、約13％は入院の必要がある中等症や命に関わる重症となっています[22]。つまり、転倒・転落して救急搬送される約10人に1人は危険な事故を起こしているということです。「2 住宅内の転倒・転落」(p.53) で記した通り、リビングや階段では転倒・転落が起きやすいです。

〈子育て世帯の住宅内事故における2つの問題点〉

①家の環境が不十分

②安全行動に対する親の自己効力感 (自信) が低い

　「家の環境が不十分」への対策は、安全な環境をつくり出すことです。一方の「安全行動に対する親の自己効力感は低い」に対しては両親に教育していくことが必要になります[23]。自己効力感というのは自信です。子どもがどこで何が起こるのか？ 何をすれば対策できるのか？ をはっきりと答えられる方は少ないです。だからこそ、自分の考えること、対策に自

必要以上の監視はヘリコプターペアレントと呼ばれる

信を持てずに親が目を離さないよう監視することに注力してしまい、目を離してしまった時に事故が起こってしまうのです。「ヘリコプターペアレント」という言葉があるように、必要以上の監視、干渉は親と子どもの関係を崩すこともあります。住宅内での危険を親世代にきちんと伝えていく、そして、目を離しても大丈夫なよう、住宅内の危険を回避するために環境面を安全に仕組み化することは大事です。

4 見た目と安全性

特に最近はSNSの普及により、「見た目」で映える間取りが人気です。施主サイドが投稿しているアカウントだけでなく、

建築サイドもあえて投稿しているケースが目立ちます。実際に目を引くため、他社と差別化するために段差を設けて空間を良く見せたり、手すりを外してスタイリッシュに見せたりすることもあります。そこには悪意など一つもありませんが、「リスクを理解せず」に行なっているケースが多いです。それだけでなく、昔からの経験・勘に頼ってしまい間違った情報を与えていたり、「なんとなく」という理由で情報を伝えていたりすることもあります。

〈住宅内の安心・安全をお伝えしていて実際に言われた内容3つ〉

①「安心・安全にすると老人ホームみたいでダサくなる」
②「間取りを安全にすると設計者の自由な発想がなくなる」
③「お客さんは求めていない」

　①「安心・安全にすると老人ホームみたいでダサくなる」の内容はよく言われていたことですが、私どもの安心・安全な間取り設計の実例が出てきてからはほとんど言われなくなりました。ここに関してはイメージと違ったということでポジティブに捉えてもらうことが多いです。例えば車は安全機能が標準で装備されていますが、ダサいから嫌だという言葉はあまり聞かないですよね？　安心・安全を標準にしつつ、その上で会社ごとのデザインを求めていくことが必要です。

　②「間取りを安全にすると設計者の自由な発想がなくなる」に関しては、住まい手のことよりも、つくり手の視点になっていることが問題だと思っています。人の身体は加齢により

変化しますし、子どもの時や妊婦の特徴なども踏まえると住まい手にとってライフステージが変わっても安心して暮らせるのは重要なポイントです。住宅は設計者の作品ではなく、大切な人と住むための「家」ということを忘れないようにしてください。

　③「お客さんは求めていない」と言う方は「お客さんにお伝えしていないケース」が多いです。今までお客さんから間取りを安心・安全にしてほしいと要望されたことがないから「求めていない」という結論になっていますが、そもそもお客さんは前述している身体の変化や住宅内の危険について知っている方はほとんどいません。だからこそ、要望を出すことはほぼ不可能です。本来であれば、建築側からきちんとお伝えをして、選択肢を提示することが重要です。医療業界ではインフォームドコンセント（説明と同意）といって、治療の種類、それぞれのメリット・デメリットなどをきちんと説明した上で、患者に治療の選択を行なってもらいます。求められていないのではなく、建築側がきちんと提示してお客さんに説明することが重要なのです。

　危険箇所をリフォームする時にも費用がかかります。例えばバリアフリーリフォーム費用の多くは100〜200万円とされており、ボリュームゾーンは300万円未満です [24]。将来的に300万円程度の費用を捻出することは負担が大きく、ホームハザードを放置した状態で暮らすことでリスクが高まってしまいます。

見た目を大切にすることは大切です。ただし、見た目重視になるあまり、住まい手にとってもリスクになる間取りを選ぶ際には一度立ち止まって考えてもらう必要があります。

1. Rubenstein: *Falls in Older People. MSD MANUAL Professional Version*, 2021
2. 東京消防庁：救急搬送データからみる高齢者の事故、2022
3. Centers for Disease Control and Prevention: *Facts About Falls*, 2016
4. 総務省：令和3年中の救急出動件数等、2022
5. 内閣府：平成22年度 高齢者の住宅と生活環境に関する意識調査結果、2011
6. Isberner F, Ristzel D, Sarvela O, Brown K, Hu P, Newbolds D: *Falls in elderly rural home health clients. Home Health Care Serv Q*, 17,1998, pp.41-51
7. 麦島 優子、眞保 実、町田 みどり：高齢者の昇段動作におけるその高さ認識についての一考察、理学療法 技術と研究、38、2010、pp.60-63
8. Berg WP, Alessio HM, Mills EM, Tong C: *Circumstances and consequences of falls in independent community-dwelling older adults*, Age Ageing. 26（4）、1997, pp.261-268
9. 総務省統計局：平成30年住宅・土地統計調査　調査の結果、2019
10. 厚生労働省：重症度と緊急度
11. 厚生統計協会：交通事故死と家庭における不慮の事故死の年次推移、2002
12. 藤原 龍史、小松原 悟史、山本 哲司、有馬 信男：香川県における脊椎・脊髄損傷の受診調査（第三報）、中国・四国整形外科学会雑誌、32（1）、2020、pp.33-37
13. Roys, Mike: *Refurbishing Stairs in Dwellings to Reduce the Risk of Falls and Injuries*, IHS BRE Press, 2013
14. 建築基準法施行令25条第4項
15. 消費者庁：高齢者の事故の状況について、2018
16. 内閣府：平成26年度高齢者の日常生活に関する意識調査結果、2015
17. Centers for Disease Control and Prevention: *Facts About Falls*, 2016
18. National Safety Council: *Older Adult Falls*, 2021
19. Stevens JA, Lee R: *The Potential to Reduce Falls and Avert Costs by Clinically Managing Fall Risk*, Am J Prev Med, 55（3）, 2018, pp.290-297
20. 公益社団法人日本小児科学会：子どもの事故と対策
21. 消費者庁：家の中の事故に気をつけましょう、2020
22. 消費者庁：平成30年消費者白書、2019
23. Hendrickson SG: *Reaching an underserved population with a randomly assigned home safety intervention*, Inj Prev ,11（5）, 2005, pp.313-319
24. SUUMO：バリアフリーを目的としたリフォーム費用・価格相場情報

Chapter

4

良質な家づくりに必要な 「安全持続性能®」 という基準

1 | 安全持続性能とは

　2021年2月に病院を退職して、作業療法士が考える「間取りの基準」作成に取りかかりました。現時点でバリアフリーという言葉はほとんどの人に認知されていますが、若い人とは無縁の言葉だと感じている人も多いです。障害者基本計画によるとバリアフリーは「障害のある人が社会生活をしていく上で障壁（バリア）となるものを除去するという意味」と定義されています。バリアフリーには高齢者も含まれることも多く、一般的には「高齢者のため」「障害者のため」という捉え方をされています。一方で、もう一つのユニバーサルデザインは「障害の有無、年齢、性別、人種等にかかわらず多様な人々が利用しやすい都市や生活環境をデザインする考え方」と定義されています [1]。

　私が間取りの基準作成にあたり重要視したのは以下の2点です。

①住宅内の事故予防（安全性）

②身体状況・ライフスタイル・家族構成が変化に対応（持続性）

　高齢者や障害者だけでなく、子どもにとっても現役世代の妊婦にとっても、安心・安全な住宅内環境が必要だと考えました。住宅内には様々な危険が潜んでおり、年代別で共通しているポイントと異なるポイントがあります。一般的に高齢者にとって安心・安全な住宅でも、子どもにとって安心・安

全ではないことも考えられます。これらのことから、どの年代にとっても安全性が高められた住宅にしておく必要があります。

　もう一つに関しては、ユニバーサルデザインの考え方に基づき、ライフステージや身体状況変化に応じてカスタマイズしやすい間取りが良いと考えました。住まいづくりのデメリットは「建築当時の身体状況やライフスタイルを反映している」ということです。これは言い換えれば建築当時と状況が変化した時に使いにくい、暮らしにくい住宅になる恐れがあるということです。つまり、加齢による心身機能の低下やライフスタイルの変化に対応できないということです。

　私が2016年に家づくりをした時には夫婦2人でしたが、現在は子どもが3人増えて5人家族になっています。私と全く一緒ではなくても、家族構成が変化することは容易に想像できます。妻が育休中にはお互いのライフスタイルも変化しています。これらのことから「人は必ず変化する」ということを前提にした住まいづくりが大事だと思ったのです。

🏠 基準の名称

　私は新しい間取りの設計基準を作成し、2021年4月に「ヨシロー基準」という名前でYouTubeで発表しました。その後、6月に「安全持続性能®」という名称に変更しています。2023年には商標登録を行ないました。

　安全持続性能の基準は2021年4月の発表以来、基準の改訂

安全持続性能®の冊子（写真）

20代	8.3%
30代	37.3%
40代	27.7%
50代	17.4%
60代以上	9.4%

安全持続性の冊子をお申し込みの年代内訳

や資料のアップデートを重ねながら配布を続けています。お申し込みしていただいた場合、「全て無料で資料を共有」しています。各方面から資料を有料化してはどうか？というお声もいただきましたが、基準の考え方や内容は「世の中のあたりまえ」になってほしいという想いから無料配布を2年間以上続けています。

　2023年5月時点で47都道府県（海外も含む）から700件以上のお申し込みをいただきました。

　そして、全申し込みの86％は家づくりやリフォーム・リノ

ベーションを考えている一般の方々です。つまり、安全持続
性能の基準を参考にしたい、勉強したいと思っている方のほ
とんどは、企業ではなく、住まいを買うお客さんなのです。
これをもとに企業を選ぶ方や間取りを決める方が非常に多く、
間取り作成中、完成・引渡しの時にたくさんメールやコメン
トをいただいております。

🏠 基準の項目

安全持続性能の基準は後述する13項目から作成しています。

〈安全性（住宅内事故予防）〉

①玄関室内側

②階段（手すりなど）

③階段の段差

④スキップフロア

⑤換気システム・収納

〈持続性（身体・ライフスタイル・家族構成の変化に対応）〉

⑥土間収納

⑦廊下

⑧トイレ

⑨ユーティリティルーム

⑩室内干しスペース

⑪洗面室

⑫照明

⑬温度

〈その他〉

⑭浴室

⑮キッチン

⑯窓・ベランダ

⑰玄関ドア

　これらを後から考えることにした場合、現時点でも事故の
リスクがありますし、後の住宅改修の費用を捻出するという
問題などがあります。できるかぎり新築時に検討すべきです
が、そうでなくても、リフォーム・リノベーションの段階で
基準を取り入れることができれば、住まい手のリスク軽減に
繋がると考えています。

🏠 中古物件市場の拡大

　特にこれからは、中古物件のリノベーションが増えてくる
と予想されます。要因は下記の2点です。

　団塊ジュニアの世代である50代の世帯数が2021年以降増
加しており、2030年には2019年比で140万世帯増加が予想さ
れています [2]。YouTube チャンネルの「ヨシローの家」でも、
50代以上の視聴者が増加しており、動画によっては初めて住
宅を購入する世代である30代（一次取得層）よりも割合が多く
なっています。

中古住宅市場の活性化も拡大する要因の一つです。2021年には中古物件の成約件数は3万9,000件で、2016年比で1.4倍に増加しています。このまま順調に推移すれば2025年には、中古物件の成約件数は5万件に達すると予想されています。

2018年には、居住中の住宅の総数が約5,210万戸、全国の空き家は約850万戸あるとされ、全体の約14％もあります。人が住んでいても、住宅の多くは、バリアフリーや省エネ、耐震性能など、住まい手に配慮されていない住宅が大半です。将来世代に継承できる良質な住宅は約200万戸で全体の約3％しかありません [3]。

これから建てていく住宅には省エネ性能や耐震性能を高めた住宅が増加していますが、間取りなどの住宅内環境（安全持続性能）は、新築段階でも考慮しておかなければ、「良質な住宅の供給」という観点では満たすことができません。そして、新築住宅価格の高騰や前述した拡大要因などから中古物件の選択肢も増えており、リフォーム・リノベーションの段階でも安全持続性能を考えることがこれから非常に重要になります。

2 | 安全持続性能を採用した住宅

私が提唱している安全持続性能を取り入れた住宅が全国で増えてきています。YouTubeでの発信だけでなく、最近は一

新建新聞社「新建ハウジング」(2022年
3月30日号)での特集

般向け、企業向けのセミナーに呼んでいただく機会が増えており、そこで安全持続性能を作成した経緯、意義、必要性を訴えています。それを聞いた住宅会社や工務店の中には「取り組もう」と企業として課題に取り組んでくれているところも増えつつあります。2022年には新建ハウジング（新建新聞社）で安全持続性能の全国第一号住宅の特集を組んでいただきました。そこから1年経過して私が評価した住宅が、全国で20棟を超えています。これに資料をお渡しした方々が、基準を参考にして作成した間取りの住宅を合わせるともっと多くの「安全持続性能の家」が建っていることになります。まだまだ少ない数ですが、賛同する会社は徐々に増えていっています。

🏠 寄せられたコメント

ここで基準を参考にして家づくりをした方々からのメッセージを一部抜粋して紹介します。

Aさん

　ヨシローさんの動画は他の住宅系YouTubeでは得ることのできない医療の角度からの情報なので本当にありがたいです。

　特にメーカーさんや工務店からはなかなか安全性や老後で将来困ることについてのアドバイスはほとんど得られないので助かりました。

　現在は上棟が終わり、途中のチェックで入らせてもらっていますが、使いやすそうで本当に良かったと思っています。

　おかげさまで老後も安心して安全に暮らせそうです。

　将来、どんな身体の変化が起こり、「何に困るのか？」「何が危険なのか？」ということが分からない方も多いです。そのため、現時点の状況だけで判断して住まいづくりをしてしまいます。つまり、将来のリスクについての知識が不足しているということです。

　人は年齢を重ねることで必ず身体は変化するため、その時のことを考えてあらかじめアドバイスをできる住宅会社、工務店が増えてほしいと思っています。

Bさん

　もともとヨシローさんの動画のファンでしたが、実際にお話しさせて頂き、ヨシローさんの誠実なお人柄に感動しました。新しい家の安全対策に対してずっと不安を抱えていたのですが、ヨシローさんにアドバイス頂けたことで、はじめて安堵でき、涙が溢

れてきました。

　バリアフリーという言葉が一般化してきて、ある程度の安全性は高められつつあります。しかし、デザイン性を重視するあまり、危険な間取りが多いのも事実です。リスクがあることを事前に知らされていないだけでなく、「後から考えても大丈夫」という言葉により、「建築のプロの方が言うから…」と思っている方も多いです。

　これから何十年も住み続ける住宅だからこそ、新しい家の安全対策が心配になるのは当然です。作り手には、住まいづくりの段階で、感覚ではなく、きちんと根拠を示した上で説明していただきたいと思っています。

> ### Cさん
>
> 　造ったお家ができ上がりました。実際に住んでみると、賃貸時代に不便だったりしんどかった部分を解消できたおかげで、まだ住み始めて間もないですが、とても快適で、家に居ることがとても幸せです。
>
> 　夫婦ふたりの生活ですが、これから生涯をここで安心して過ごしていけると思うと嬉しくホッとしているところです。
>
> 　ヨシローさんの活動がなければ、我が家は方向性を定めることが出来ませんでした。建築業界にヨシローさんが飛び込んで下さったおかげで、私たちの家づくりは前へと進むことが出来ました。

　住まいづくりをするきっかけは人それぞれです。将来にわたって住み続けて「終の棲家」にしたい方もいますし、もちろん状況に応じて住み替えを考える方もいます。前者の場合、何十年先のことも考えながら住宅内環境を整備する必要があり、そのために間取り一つ一つに理由があるのです。

　手段（間取り設計）を知っているだけではなく、「なぜこれが必要なのか？」「これをしないと何が将来起こってしまうのか？」という本質を理解し、説明できることが大事です。それによって住まい手は安心して暮らすことができますし、結果として住宅会社、工務店の信頼に繋がります。

　安全持続性能は「あたりまえ」にしていくものだと考えていますが、まだまだ必要と思っている方とそうではない方のギャップがあります。

　一方、悲しい想いをした方のメッセージもご紹介します。

Dさん

　先日は基準を送っていただき誠にありがとうございました。

　夫とも基準を拝見し、子育てしやすい家というのはホームページなどで拝見しますが、安全面に配慮した内容というのは拝見したことがなかったです。

　幼稚園に通っている子どももおりますし、元々持病がある私にとってもこの基準は必要だなと感じております。

　少し前から家づくりを考えており、その中で家を建ててほしいと思っていた工務店に基準のことをお話ししたところ、今は考え

なくてもいいのではないか？という回答をもらいました。
　お話を聞いていると元気なうちにそこまで考える必要はないという理由でした。私達にとって家を建てるのはこの1回であり、工務店と考え方の差を感じてとてもショックでした。

　この場合は考えなくても良いという理由が曖昧であり、住まい手にとっても納得できる回答ではありませんでした。住まい手にとっては人生の中で「1回」であり、「ずっと住み続けたいと思う家」にしたいと考えるのは一般的だと思います。そのため、つくり手は、相手にとっての「1回」の重みを改めて考える必要があります。

3 ｜ 医療系だからこそ 伝えられること

🏠 医療現場で学んだこと

　現在、私は医療現場から離れて住宅業界で活動しています。医療現場で常に抱いていた気持ちは「無力感」です。作業療法士を志したきっかけは自分自身がケガをしたことでした。ケガをして、病院で関わったリハビリの先生みたいになりたかったのです。「人を救いたい」という気持ちで臨床に出まし

たが、様々な場面で非力さを痛感しています。

　私が1年目の話です。夕方、リハビリが終わった患者さんと挨拶して帰宅しました。翌日、病室へ行った時にはその患者さんはいなかったのです。夜中に急変して亡くなってしまったのです。その方は私が最初に担当した患者さんであり、思い入れもありました。「家に帰りたい」という言葉を伺っていて、家族も退院後は自宅に戻ってきてほしいと願っていました。私も退院後は家に帰るためにリハビリを続けていましたが、このような形でお別れになるとは予想もしていませんでした。私が1年目の時には、このようなお別れになってしまった方が数人おり、「もしかして自分が担当したからではないか？」「自分じゃなくて他の人だったらこのような結果にならなかったのではないか？」という気持ちが増していきました。一時期は作業療法士という仕事を辞めようかと思ったこともあります。

　2年目になった時に転機が訪れます。重度の高次脳機能障害（脳の障害）がある患者さんを担当した時のことです。運動機能は問題なくても、高次脳機能障害があるため、日常生活動作（ADL）はほとんど介助が必要であり、住宅環境も危険箇所が多いため「自宅へ帰る」ことは正直厳しいと考えていました。これは担当医師、病棟看護師、ペアで組んだ理学療法士も同様の考えでした。

　最初は患者さんのパートナーは、施設入所を第一選択肢として考えていましたが、いろいろ考えた末に「退院後は家に帰

りkeys」という決断をしたのです。考え方を変えたのは「最期
まで一緒に家で暮らしたい」という気持ちです。「パートナー
になった時から何があってもお互いで支え合うと決めていた。
私が大変な時ずっと支えてもらっていたから、今度は私が支
える番です」という言葉が忘れられません。

　医師や看護師からは反対を受けておりましたが、私はずっ
と担当していたからこそこの気持ちに寄り添いたい、実現さ
せたいと思ったのを覚えています。何をすれば家に帰れるの
か？と考えた時、まずは患者さんのパートナーにきちんと病
状や注意点、対処方法などを念入りにお伝えしました。そし
て、家屋調査と住宅改修を一緒に考えました。自宅内での危
険箇所のピックアップと対策、また患者さんは運動機能は問
題なかったことから、自宅周辺での危険箇所もピックアップ
し、対策しました。この中で、医療関係者とケアマネ、建築
会社で連携を図り、スムーズに事を運ぶことができたのは「患
者さんを家に帰らせる」という想いで一つになったのが大き
いと思っています。

　退院後に訪問した時、病院にいた時よりも表情豊かになっ
た患者さんと再会しました。そして、高次脳機能障害により
出来事のほとんどを忘れてしまうのに、私のことは覚えてく
れていたことが印象深いです。最後に患者さんのパートナー
から「あの時は内心難しいのではないかと思うこともあった。
でも、こうして家に帰ってこられたのは本当に良かった」と
言っていただけました。

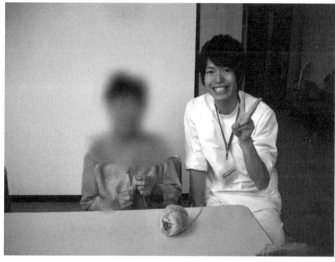

リハビリ病院時代の写真

🏠 家に住み続けたいという人が大半

　40代以上へのアンケートでは70％以上が現居住地に住み続けたいと答えており、年代が高くなるとその割合も増えていきます[4]。米国では50〜80歳の88％が家に長くとどまることが重要と考えています。

　「エイジング・イン・プレイス」という言葉があります。これは自宅にて、できるだけ長く自立して、安全に、快適に暮らすことを指す言葉であり、これは多くの高齢者とその家族にとって重要な目標です。

　米国の調査では、自宅が高齢になってからも居住できる構

造であると明確に答えられたのは34％にとどまっています。また、高齢者の21％が、過去5年間に転居したと答えており、転居者の半数以上（52％）は、屋内での移動が楽な住居に移り住んでいます [5]。仮に住まいづくりの段階から将来を見越した設計ができていれば、自分たちが住み続けたいと思っている想いを叶えることができたかもしれません…

　私も多くの患者さんを担当し、患者さんの家族と対話してきましたが、ほとんどは「家に帰りたい」「できれば家に帰りたい」と話します。「家」というのは英語でHouseとHomeという言葉になります。Houseは「建造物としての家」、Homeは「帰る場所など人がいる家」です。

　医療現場でたくさんの患者さんに携わり、家が人にとって大切なものであり、特別な場所だということが分かりました。ただし、本人がいくら望んでいても住宅内環境によっては帰ることが叶わない人がいるというのも分かりました、だからこそ、私は医療業界を飛び出して、住宅業界で「安心・安全な間取りでより良い住宅内環境を創る」ことに取り組んでいます。人はどのような変化をしていくのか、ケガ・病気になるとどうなるのか…。これらを医療現場で目の当たりにしたからこそ、安全持続性能の基準があたりまえに備わっていることで安心・安全に暮らせる住宅になると考えています。

🏠 リスクの考え方

　リスクの捉え方は2通りあります。

①起こるか分からないからリスクばかり考えたくない

②リスクを放置して後々最悪な状況にしたくない

　例えばタバコを吸っていると病気のリスクが高まるということで見ていきます。

〈①の場合〉

　今は元気だし、病気になるか分からないからタバコを吸うのは止めない

〈②の場合〉

　このままタバコを吸い続けて病気になると、働くこともできなくなるかもしれないから止める

　①はリスクのことばかり考えたくないので、将来ではなく今の自分がしたいことを優先する。②はリスクが将来に影響するため、将来のことを考えて今の自分の行動を決定する。

　これに関しては、他にもお酒や甘い物、運動など、様々な観点から考えることができます。価値観の一つなので、①が完全に悪いわけではありませんが、②よりも①の方がリスクが高まってしまいます。そして、結果的にリスクが何かの形となって現れた時には本人だけでなく、まわりの大切な家族にも影響を及ぼしてしまうのが怖いところです。医療関係者は②で考える人が多い印象です。それは医療現場でリスクが形になった方々を日々診ているため、自分ごととして捉える

ことができるのだと思います。

🏠 住まいづくりは人生を変える

　私たちは、相手の方とサービスやモノづくりなどで関わっている以上、相手の人生を左右してしまう可能性があることを考えておくべきです。一つの言葉、行動によって相手の人生を良くも悪くもしてしまいます。私は医療現場でそれを痛感しました。だからこそ、相手にとって「この人と出会って良かった」と思ってもらえるようにサービスやモノづくりに取り組む必要があるのです。

　安全持続性能は、間取りに関するところで「後で考えたらいい」と言われがちですが、私は工務店さんがあらかじめリスクを回避した家づくりをすることが大切だと考えています。施主としての立場からすると、「何かあった」その時に、改修費用を捻出できるかという不安もあります。そのため、工務店はあらかじめリスクを回避した家づくりをすることで、施主の不安を取り除くことができるのです。

1. 厚生労働省：一般病棟入院基本料の主な報酬・施設基準について
2. 日本総研：わが国のリフォーム市場の現状と課題
3. 国土交通省：住宅経済関連データ、2022
4. 厚生労働省：高齢社会に関する意識調査、2016
5. Robinson-Lane S, Singer D, Kirch M, Solway E, Smith E, Kullgren J, Malani P: *Older Adults' Preparedness to Age in Place*, University of Michigan National Poll on Healthy Aging, 2022

Chapter 5

図解 安全持続性能

安全性編

住宅内での事故を
予防するために

01 上がり框(かまち)に手すり設置

玄 関には手すりを設置してください。玄関は転倒・転落の場所別でも上位となっており、事故が発生しやすい場所です [1-1]。特に上がり框の段差昇降時に危険が伴いますので、手すりの設置は重要です。

手すりの設置場所としては、上がり框と土間の交わる部分の直上に設置します。手すりの高さは800mm程度で、手すりの下部は土間部分から大腿骨大転子(だいたいこつだいてんし)の高さに合わせてください [1-2]。

これにより、安全持続性能「玄関室内側」の最低基準★、推奨基準★★となります。

800mm程度

大腿骨大転子
の高さ

玄関の縦手すり

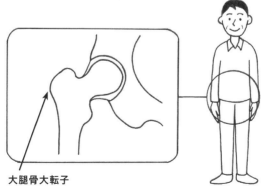

大腿骨大転子

大腿骨大転子の位置

02 手すりが 設置できない場合（代用）

手すりを新築の段階から考えておくと設置のスペースなども考慮できるので良いです。しかし、既存の住宅などではスペースがないため、設置することが難しいケースも散見されます。そのような手すりを設置できない場合には、下駄箱の代用も可能です。下駄箱を手すり代わりにすることで段差昇降を行ないやすくなります。実際に、医療現場で家屋調査・住宅改修に携わった時、上記のような場合には下駄箱を代用した提案を行なっています。

しかし、壁に固定されていないケースでは下駄箱が倒れる恐れがありますので、壁に固定した下駄箱を代用として使用してください。これにより安全持続性能「玄関室内側」の最低基準★、推奨基準★★となります。

現在、手すりもしくは手すりの代用となる下駄箱がないという方は、下地がすでに入っている場合、もしくは間柱に後から手すりを取り付けることができます。また、将来的に介護保険を利用しての住宅改修や福祉用具のレンタルにて手すりを設置できます。

手すりの代用として下駄箱を使用

03 上がり框をなくす

上がり框は玄関土間と玄関ホールの境目にある段差のことです。この段差が一般的に新築であれば200〜300mm、古い物件になると300mmを超える高さの上がり框もあります。そのため、上がり框に手すり設置（**01**）でも記載したように、段差昇降時に転倒・転落の危険が伴います。上がり框をなくすことによりそれらの危険を回避することができます。

これは安全持続性能「玄関室内側」の最高基準★★★となります。砂が入らないように見切り板で玄関土間と玄関ホールを区切る方法もあります。

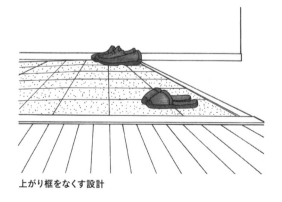

上がり框をなくす設計

玄関室内側 | 階段（手すり） | 階段の段差 | スキップフロア | 換気・収納

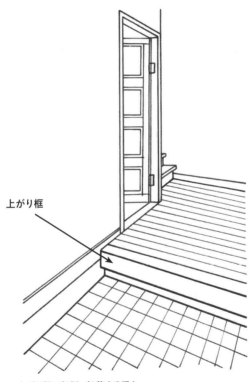

上がり框

上がり框で転倒・転落する恐れ

04 上がり框を なくせない場合 (寸法)

上がり框をなくせない場合、上がり框は300mm以下の場合は、上がり框に手すり設置 (**01**) で記載した手すり、もしくは下駄箱を設置してください。その上で、将来的に段差解消のための式台を設置してください。また、上がり框が200mm以下の場合は、段差解消のための式台の設置は必要ありません。

上がり框が300mm以下は安全持続性能「玄関室内側」の最低基準★、200mm以下は推奨基準★★となります。

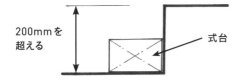

200mmを
超える

式台

200mmまで

200mmまでだと式台はなくて良い

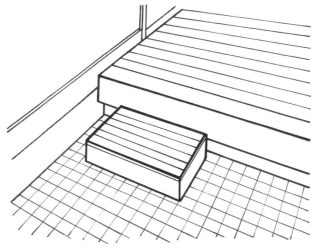

段差解消に上がり框の半分の高さの式台を設置

05 靴着脱のために座れる場所を

靴 の着脱をする場合、上がり框に座ってするのではなく、玄関土間にイスを設置してください。上がり框をなくす（**03**）で記載したように、一般的な上がり框の高さは200〜300mmですが、200mm〜300mmの高さを両足で立ち上がれない人の割合は、男女ともに40代以降に増加します[1-3]。その他にも膝（ひざ）や腰に痛みを抱えている方や、妊婦にとっても、座る・立ち上がる動作を難しくさせます。また、玄関ホールから上がり框に座ろうと思うと、過度に膝・股関節を屈める必要があり、痛みを誘発させる恐れや勢いよく床に着地してしまう恐れがあります。

これらのことから上がり框をなくせない場合、将来のリスクを考慮して玄関部分にイスを設置して靴の着脱を行なうようにしてください。イスに関しては一般的に販売されている座面の高さが40〜45cmが推奨です。造作だと費用もかかってしまうことから、土間収納にイスを置くスペースを考慮しておき、住まい手がイスをホームセンターやネットで購入するのがおススメです。

土間にイスを設置して靴の着脱

上がり框に直接座るのは高さが低い

06 子どもが 一人で外出できない ようなカギに

子どもが玄関から一人で外に出て事故にあい、亡くなってしまうという痛ましい出来事がありました。親が24時間子どもを見ることも不可能なので、仕組み化して子どもを守る必要があります。サムターンカバーが装着されている状態では子どもが容易にカギを開けることが可能であり、身長が伸びるとドアロックも外すことができます（最近のドアロックは簡素化されています）。

最近の玄関ドアはサムターン回し（ガラスを割ってカギを開ける）を防止するためにサムターンカバーを外せます。これは手で回すことができず、室外から専用のカギで開けるか、カバーを装着して回すことでのみカギを開けることができます。

これは防犯面だけでなく、子どもが勝手に外に出ないためにも有効です。

そのため、サムターンカバーを外しておくことで親が見ていない時に子どもが玄関から外に出ることを防いでくれます。ぜひ実践してください。

玄関室内側

階段（手すり）

階段の段差

スキップフロア

換気・収納

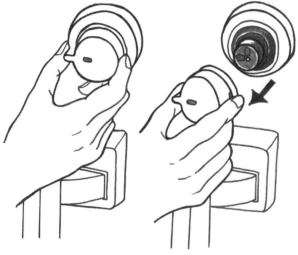

サムターンカバーを外すことで、防犯の役割＋子どもが簡単に開けられない

07 階段に必ず手すりを

階段から転落を防止するのに最も適しているのが「手すり」です。手すりなしは転落リスクを増加させるのに対し、手すりは設置することで費用に対しての予防効果が大きいです [2-1]。

　国内では戸建ての約85％は2階建て以上のフロアが存在します [2-2]。つまり、住宅内エレベーターなどを設置していない限り、階段を使用して上下階へ移動します。この際に、転落事故予防のため「手すりを設置」することが最大の防止策になります。

　安全持続性能では階段に手すりを設置することが必須条件であり、手すりを設置していない場合は安全性全体で★基準なしの判定とします。安全持続性能「階段」では、最低基準★は手すり設置（左右どちらか）、推奨基準★★および最高基準★★★は降りる時に利き手側に設置、もしくは両側です。利き手側は家族の中で多い利き手側で考え、あるいは病気やケガの後遺症などがある方に応じて考えます。例えば右利きが多いのであれば降りる時に右側、左利きが多いのであれば左側に設置してください。

玄関室内側 | **階段（手すり）** | 階段の段差 | スキップフロア | 換気・収納

階段は住宅内転落事故で最も多い箇所

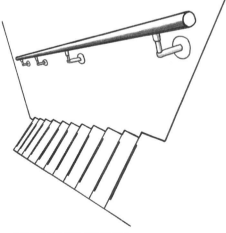

手すりは降りる時の利き手側に

08 手すりの高さは「大腿骨大転子」を目安に

手すりの高さを設定する上で重要なのが、「大腿骨大転子」です。上がり框に手すり設置 (**01**) にも図を掲載しています。

階段の段鼻から大腿骨大転子までの高さの位置に、手すり上部が位置するように設置することで、住まい手にとって使いやすい手すりになります。一般的な分譲住宅だと手すり設置の位置は750mmで取り付けられています。しかし、750mmで適している身長はおよそ150cm前後の方であり、70代女性の平均身長です [2-3]。それよりも高い身長の方が使用する場合には、750mmの高さは「低い」ということになります。低い場合は使いにくさだけでなく、バランスを崩す恐れもあるため、住まい手に適している高さで取り付けてください。

このように身長によっては当てはまらないことも多いので注意が必要です。また、住まい手の中で身長差がある場合は、「身長が高い人を基準にして取り付ける」ようにしてください。

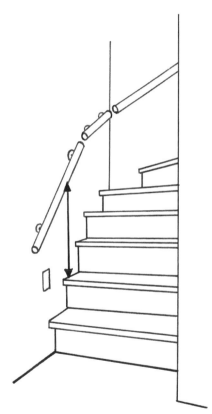

階段の手すり高さは、段鼻から大転子の高さが目安

09 1階の床から数段部分にも手すりを設置

建 築基準法施行令第25条により、階段に手すりを設置することが義務付けられています。しかし、高さ1,000mm以下の階段の部分には適用しないという内容も盛り込まれており、この内容の解釈によって床面から数段は手すりがなくても法的に問題ありません[2-4]。しかし、最近の住宅では階段の1階床面から数段部分まで手すりを設置していないケースが増えています。階段に必ず手すり（01）でも説明したように、手すりがないことは転落リスクを高めます。そのため、「オシャレ」「スタイリッシュ」「カッコいい」という理由で階段の手すりをなくすことは危険です。

　実際に、手すりがない階段部分から転落し、骨折する事故が起こっています。年齢や身体の状況によっては介護が必要になるケースもあります。「転倒・転落の防止」の役割を果たすためにも必ず1階床面から数段部分にも手すりを設置してください。

図解 安全持続性能
Part 1

Chapter 5

＞ **安全性編**

玄関室内側

階段（手すり）

階段の段差

スキップフロア

換気・収納

安全持続性能「階段」では1階の床面から1,000mm以下の高さにも手すり設置が必要です。手すりを設置していない場合は、安全性全体で★基準なしの判定とします。

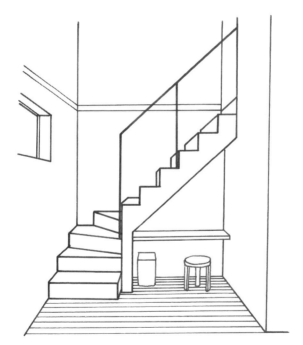

階段の下から数段に手すりがないのは危険

10 暗がりに足元灯を

転 　落予防で手すりとともに役立つのが「足元灯」です。階段が暗いと足元が見えず、足の踏み外しが起こりやすくなります。そこで、階段の1階、2階のホール部分、段差の部分が照らされるように足元灯を設置してください [2-1, 2-5]。

　安全持続性能「階段」の推奨基準★★、最高基準★★★の必須条件です。

　足元灯は人感センサー、光センサーを推奨しています。理由としては、スイッチによる人的操作が必要な場合、住まい手に点灯するか否かの判断を委ねるため、不点灯とする可能性があります。そこで、センサータイプにすることで仕組み化します。

　また、足元灯は防災時に保安灯、懐中電灯に代替えできる商品も販売されており、住宅内の転倒・転落予防だけでなく、「防災設備」としても役立ちます。

　足元灯が難しい場合、天井などに設置したセンサーライトでも代用可能です。ただし、足元灯と比較して照度が高くなると、夜中のまぶしさが住まい手のストレスと

Chapter 5

図解 安全持続性能
Part 1 〉 **安全性編**

玄関室内側

階段（手すり）

階段の段差

スキップフロア

換気・収納

なる恐れがあります。天井などにセンサーライトを設置
する場合は、昼白色ではなく電球色を選ぶようにしてく
ださい。

階段にはセンサー付きの足元灯を

11 踏面に滑り止めを

階段から転落する原因として最も多いのが「踏み外し」、次いで「滑り」とされています[2-6]。階段からの転落防止のために、踏面での滑り対策のため「滑り止め」を設置してください[2-1]。最近の住宅では段鼻部分に溝をつくって滑り止めにしていますが、これだけでは滑ってしまいます。溝部分にゴム製の滑り止めが設置されている商品もあるので、そちらを検討するのも一つの方法です。

あるいは、既存住宅であれば、ネットで階段の滑り止めが販売されており、こちらは安価で設置可能です。金額面も考慮して設置してください。

安全持続性能の「階段」では、最高基準★★★は、手すり、足元灯とともに滑り止め設置が必要です。

玄関室内側　**階段（手すり）**　階段の段差　スキップフロア　換気・収納

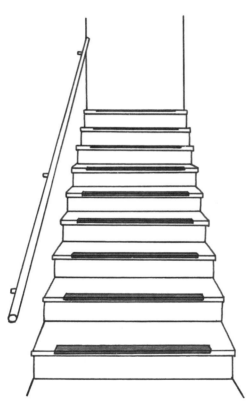

滑り防止のために滑り止めを設置

12 未就学児には 手すり子の間隔を狭く

住 宅内の手すり子同士の間隔は、建築基準法には明記されておりません。一方、高齢者等配慮対策等級では110mm以下と記載されています[2-7]。また、東京都子育てガイドラインでは90mm以下[2-8]、イギリスでは100mm未満を推奨としています[2-1]。つまり、手すり子同士の間隔を広げてしまうと、その間から子どもが転落してしまう恐れがあります。

米国では5歳未満の90％が住宅内で負傷しており[2-9]、6歳未満の子どもの骨折の80％が転倒・転落で受傷します[2-10]。階段という転落の危険がある場所では、身体の小さい未就学児に対して安全配慮を施す必要があります。

安全持続性能の「階段」では、未就学児がいる家庭の住宅では手すり子同士の間隔は「90mm以下」にする必要があります。

手すり子の間隔は
90mm 以内にすべき！

手すり子の間隔が広いと転落リスクが高まる

13 スケルトン（オープン）階段には防護ネットを

未 就学児には手すり子の間隔を狭く（**12**）でもお伝えしたように、未就学児がいる家庭の住宅では安全配慮を施す必要があります。最近の住宅では手すり子同士の間隔を広げているだけでなく、蹴込み板をなくしている階段、いわゆるスケルトン（オープン）階段を採用しているケースが増えています。開放感や空間を広く見せることができる反面、すき間が空いていることで転落する恐れがあります。

　このような階段を設ける場合には、防護ネットを設置してください。これですき間からの転落を予防することができます。

　安全持続性能の「階段」では、未就学児がいる家庭の住宅ではスケルトン（オープン）階段を採用する場合に、防護ネットを設置する必要があります。就学児以上の場合、防護ネット設置の有無は問いません。

手すり子の間隔が広い場合、防護ネットを設置

14 ベビーゲートを 設置できるように

階 段は形状やデザインによって様々なリスクが出現します。親が24時間子どもを見守ることができればリスク回避ができるかもしれませんが、実際のところは難しいです。親の負担を軽減させ、なおかつ子どもを事故から守るために「階段に進入させない」ことが重要です。

「3章　3 子どもの危険」（p. 61）でも記載したように「親は24時間、子どもを見守らないといけない！」と思い詰めると、ヘリコプターペアレントになってしまうかもしれません。目を離したとしても子どもを危険な状況に陥らせないためにも「仕組み化」することが大事です。

その一番の方法として、階段の入り口にはベビーゲートを設置できる設計にしてください。ベビーゲートは赤ちゃん用具のお店などで数千円程度で購入することが可能です。必要なくなった時には外すことも可能です。こちらも未就学児のいる家庭の住宅では設置するようにしてください。

玄関室内側 | **階段（手すり）** | 階段の段差 | スキップフロア | 換気・収納

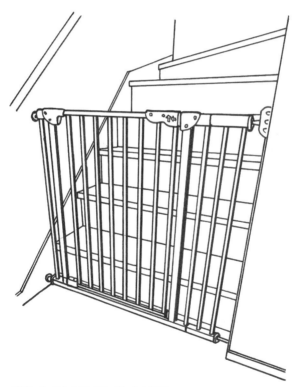

階段、キッチンにはベビーゲートを設置

15 階段の段差は安全な高さ、奥行に

階段の寸法を建築基準法の最低ラインでつくってしまうと、勾配が急になります。建築基準法では蹴上230mm以下、踏面150mm以上と規定されています。仮にこの基準を用いて、寸法を決めてしまうと、勾配は1.53（蹴上/踏面）となります。高齢者配慮対策等級3の勾配が1.05なので [3-1]、かなりの急勾配となり恐怖心を生んでしまう恐れがあります [3-2]。

最近の住宅では、さすがにここまでの急勾配はないものの、限られたスペースに階段を納める必要があります。しかし、階段は転落リスクが高い場所なので、より安全な高さ、奥行にして勾配を緩やかにする必要があります。

蹴上の高さは200mm以下にしてください。これは降りる時に前傾姿勢になりにくく、腰部への負担、階段昇降のしやすさを考慮しています [3-3,3-4]。

踏面は220mm以上にしてください。220mm未満では転倒数が増大しており、踏板で蹴込み部分を除いた踏面は220mm以上を設定してください [3-5]。

安全持続性能の「階段の段差」では、最低基準★では蹴

上200mm以下×踏面220mm以上、推奨基準★★では蹴上200mm以下×踏面250mm以上、最高基準★★★は蹴上180mm以下×踏面250mm以上です。

　勾配は最低基準★：0.9、推奨基準★★：0.8、最高基準★★★：0.72となっており、前述した高齢者等配慮対策等級 (3は1.05、4・5は0.85) よりも勾配が緩やかになります。

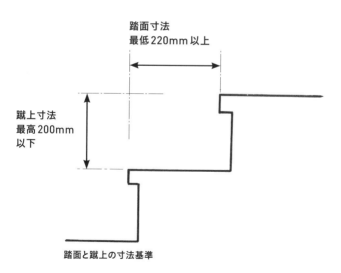

踏面寸法
最低220mm以上

蹴上寸法
最高200mm
以下

踏面と蹴上の寸法基準

16 まわり階段は
踊り場付きに

まわり階段を採用する際によく使用されているのが
内側が30°の踏板です。180°向きを変える時には
まわり部分が30°×6段、90°向きを変える時にはまわり
部分が30°×3段となります。納まりのことを考えると使
い勝手が良いまわりの方法です。しかし、まわり部分の
踏板が内側30°と鋭角のため、踏み外しのリスクがあり
ます。外側の広い部分を通れば良いのですが、特に若年
層は内側を通る傾向があり、内角が鋭角だと踏み外しが
多くなります[3-6,3-7]。

　まわり部分は踊り場にすることで若年層の転落リスク
を下げるだけでなく、高齢者にとっても向きを変えるこ
とが容易になります。また、踊り場を採用した際には、
デスクワークスペースなどに活用可能です（後述）。

　ただし、土地面積などの影響などで踊り場設置が難しい場合もあります。その場合は、例えば180°まわりのケースであれば、内側の角度を広げた45°×4段にしてまわり階段の1段あたりの内角度を広げることも有効です。その他、30°×6段かつ降りる時に外側に手すりが設置されている場合は、内側に縦の手すりを縦の手すりを設置するのも有効です [3-7]。

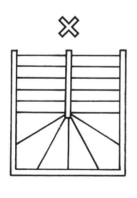

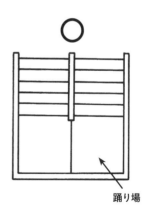

踊り場

まわり階段では踊り場付きが望ましい

17 部屋に段差は つくらない

住 宅内の環境によっては転倒する恐れがあります。住宅内で転倒・転落が発生した割合の1位が居間を含む居室であり、発生した場所の上位がリビング、寝室です [4-1,4-2]。そのことから、リビングや寝室には不用意に段差を設けないことがベストです。

安全持続性能の「スキップフロア」では、アップフロア（小上がりスペースを含む）、ダウンフロアなどのスキップフロアをなくすことで最高基準★★★となります。

リビングや寝室に段差を設けない

Creating a home without injury

図解 安全持続性能
Part 1

Chapter 5
安全性編

玄関室内側

階段（手すり）

階段の段差

スキップフロア

換気・収納

　また、転倒・転落が発生した場所の割合の上位を占める寝室に段差はなくしてください。特に、カーペットを敷かないようにしてください。寝室は、照明を落としている状況で動くことが考えられ、その場合、カーペットによるつまずきが起こる可能性があります。そのため、寝室には段差を設けないのはもちろん、カーペットを敷かない生活様式にしてください。

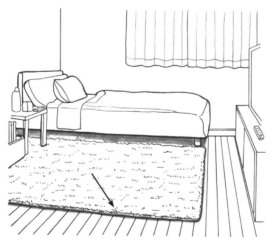

ベッドルームにカーペットもダメ

18 踊り場を活用する

まわり階段は踊り場付きに（**16**）で、まわり階段では踊り場を推奨しています。しかし、踊り場にすることで階段が占める面積が増えてしまいます。ここ最近の土地価格、建物価格の上昇から、まわり階段で踊り場を設けることに対してネガティブになる実務者もいます。

　しかし、踊り場をワークスペースなどとして活用することを推奨しています。コロナ禍以降、書斎やワークスペースを希望される方も多いです。また、仕事だけでなく趣味スペースとして設けたいと希望される方もいます。スペースを設けるのに一つの部屋として設けるケースもありますが、踊り場と併用にすることでスペースの有効活用に繋がります。

　安全持続性能の「スキップフロア」では、階段の踊り場を設けてスペースとして活用することは推奨基準★★となります。

玄関室内側　｜　階段（手すり）　｜　階段の段差　｜　**スキップフロア**　｜　換気・収納

踊り場をワークスペースとして活用

19 小上がりの高さの目安は大腿骨外側上顆まで

小 上がりスペースを設ける際の高さは、一般的に200～300mmが多く採用されています。ただし、「3章 2 住宅内の転倒・転落」に記載したように腰掛けとしては低いです。腰掛けとして利用する場合には、床から大腿骨外側上顆（だいたいこつがいそくじょうか）の高さが目安であり、約400mmです。

腰掛けとして利用し、かつ小上がりスペースに上がりやすくするためには、小上がりの高さを400mmとし、上がるために段差解消のステップ（高さ200mm）を設置してください。

小上がりを強く希望する場合は、小上がりスペースでの転倒・転落リスクを十分理解し、対策を実施する必要があります。また、小上がりスペースは、広さによっては除去費用が数十万円かかる場合があることも覚えておいてください。

安全持続性能の「スキップフロア」では、小上がりスペースを採用している場合は★基準なしとなります。

図解 安全持続性能
Part 1

Chapter 5
安全性編

玄関室内側

階段（手すり）

階段の段差

スキップフロア

換気・収納

小上がりスペースを設ける場合、転倒・転落のリスクを十分理解すべし

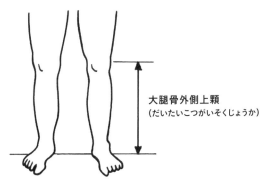

大腿骨外側上顆
（だいたいこつがいそくじょうか）

座るのに適した高さ

20 換気システムはメンテナンスしやすい位置に

第1種時間換気システムの給気口を天井に埋め込んでいる商品が多数存在します。天井内部に給気口があり、そこにフィルターが挿入されています。このフィルターは、ホコリ掃除を6か月に1回、24時間換気システムとして利用している場合は3か月に1回以上の掃除が推奨されています [5-1]。

しかし、このように天井にフィルターを設置すると、掃除などのメンテナンスが困難になります。一般的な天井高さは2,400mmであり、床に立った状態からでは手が届きません。高さ400mmのイスを使用しても、小柄な方だと手を伸ばしても天井に手が届かない場合があります。また、天井に手が届いたとしても、フィルターは天井内部にあるため、さらに手を伸ばす必要があります。イスの上でつま先立ちをするとバランスが崩れ、転落する恐れがあります。さらに、イスにのぼる動作中にバランスを崩すことも考えられます。イスからの転落は、周囲につかまるものがないことが多く、真っ逆さまに落下することがあります。

　代替策として、壁設置型や床下型などが推奨されています。安全持続性能を採用した物件の例では、天井埋め込み型の上下を反転させ、2階の床を開けることでメンテナンスが可能となっています。安全持続性能の「収納・換気システム」の最高基準★★★の一つになっています。

壁面や床下に設置された換気システム

21 収納は手の届く高さまで

収納はイスなどを使用する場所に設けないようにしてください。

特に収納の場合、換気システムの掃除よりも頻繁に使用するため、手の届かない高さにあることは使いにくさを覚えます。「天井までの空間がもったいない」と考えて設置してしまうと、結局高い場所の収納はほとんど使わないというケースに繋がることがあります。

どの位置に設置するのが良いのか。具体的には住まい手の身長（低い方）＋400mm以上には設置しないでください。例えば住まい手の身長が低い方が1,500mmの場合、1,900mm以上には設置しないということです。

安全持続性能の「収納・換気システム」で収納部分のみ満たしている場合は推奨基準★★であり、換気システムと収納を満たしている場合は最高基準★★★となります。

手に届く高さの収納

22 緊急防災用品は取り出しやすいところに

収納は手の届く高さまで（**21**）で記載した内容はケガ防止の観点だけでなく、防災の観点でも必要になります。床に立った状態で手が届く場所に収納があるということは、イスなどを運んでくる必要がなく、必要な時にすぐ取り出すことができます。

災害発生時はパニック状態となるため、日常時に使いやすく、非常時にも使いやすい収納場所の位置は「フェースフリー（日常、非常時の垣根がない）」[5-2] の住宅としてとても重要です。

ここ最近は地震の多発、線状降水帯による大雨被害などが続発しています。どの地域であっても災害に巻き込まれる可能性はあります。そんな時にすぐ対応するためにも緊急防災用品は取り出しやすい位置に収納してください。

Creating a home without injury

パントリーに防災用品を日常的に置いておく

1-1. 消費者庁：高齢者の事故の状況について、2018

1-2. 野村歡、橋本美芽、上田瑞昌、西村顕：OT・PTのための住環境整備論、第3版、三輪書店、2021

1-3. Yamada. K et al: *Reference values for the locomotive syndrome risk test quantifying mobility of 8681 adults aged 20-89 years: A cross-sectional nationwide study in Japan*, Journal of Orthopaedic Science, 25, Issue 6, 2020, pp.1084-1092

2-1. Roys, Mike: *Refurbishing Stairs in Dwellings to Reduce the Risk of Falls and Injuries*, IHS BRE Press, 2013

2-2. 総務省統計局：平成30年住宅・土地統計調査 調査の結果、2019

2-3. 厚生労働省：令和元年 国民健康・栄養調査報告、2020

2-4. 建築基準法施行令25条

2-5. Keall MD et al: *Home modifications to reduce injuries from falls in the home injury prevention intervention (HIPI) study: a cluster-randomized controlled trial*, Lancet, 385（9964）, 2015, pp.231-238

2-6. 4. 大嶋 辰夫、宇野 英隆：使用者からみた安全な階段に関する研究、日本建築学会計画系論文集、64、（521）、1999、pp.159-165

2-7. 高齢者等配慮対策等級

2-8. 東京都商品等安全対策協議会：平成29年度 報告書概要

2-9. Hendrickson SG: *Reaching an underserved population with a randomly assigned home safety intervention*, Inj Prev, 11（5）, 2005, pp.313-317

2-10. 小久保 吉恭、山崎 隆志、佐藤 茂：境界領域 小児の骨折 現状と課題、小児科、2008、pp.49（6）、pp.869-874

3-1. 高齢者等配慮対策等級

3-2. Malmgren Fange A, Chiatti C, Axmon A: *One-Year Changes in Activities of Daily Living, Usability, Falls and Concerns about Falling, and Self-Rated Health for Different Housing Adaptation Client Profiles*, Int J Environ Res Public Health, 18（18）, 2021, 9704

3-3. 勝平 純司：階段諸形状と手すりの使用が階段昇降時議腰部モーメントに及ぼす影響、バイオメカニクス学会誌、29（2）、2005、pp.95-104

3-4. 大嶋 辰夫、宇野 英隆：使用者からみた安全な階段に関する研究、日本建築学会計画系論文集、64（521）、1999、pp.159-165

3-5. Roys, Mike: *Refurbishing Stairs in Dwellings to Reduce the Risk of Falls and Injuries*, IHS BRE Press, 2013

3-6. 塩川 満久、大塚 彰、上垣 百合子、長町三生：住宅階段昇降動作に関する考察―廻り階段の移動軌跡に着目して、人間工学、Supplement号、2001、pp.456-457

3-7. 横山 精光、隣 幸二：住宅設備・建材技術 動作解析による回り階段用手すりのユニバーサルデザイン、松下電工技報、54（4）、2006、pp.55-61

4-1. 消費者庁：高齢者の事故の状況について、2018

4-2. 内閣府：平成22年度 高齢者の住宅と生活環境に関する意識調査結果、2011

5-1. 三菱電機：換気扇のお手入れ 換気空清機ロスナイ

5-2. 一般社団法人 フェースフリー協会：フェーズフリーとは

Creating a home without injury

図解 安全持続性能

持続性編

身体・ライフスタイル・
家族構成の変化に
対応するために

23 ベビーカーを収納できるスペースを

子育て世帯で必須の道具なのが「ベビーカー」です。多機能であり、生後1か月〜3歳頃まで使用できるA型と軽量で機能もシンプル、生後7か月〜3歳頃まで使用できるB型の大きく2つの種類があります[6-1]。筆者も両方を購入して対応していました。

子どもとの外出の際には、ベビーカーを持ち出すことも多いのにも関わらず、ベビーカーを収納するためのスペースが考えられていない住宅は多く見受けられます。子育て世帯にも安心して過ごしてもらうために、ベビーカーを収納できるスペースは確保してください。

安全持続性能の「土間収納」では、ベビーカーをそのまま収納できる収納スペース（内法455×305mm以上[6-2]）を確保できれば推奨基準★★となります。ちなみにシューズボックスなどを除いた有効スペースです。

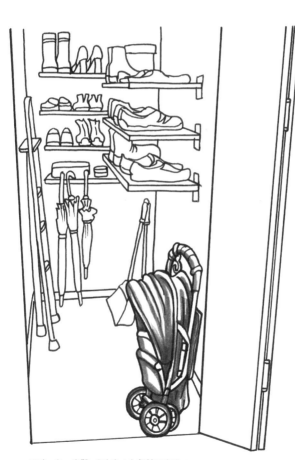

ベビーカーや靴、おもちゃも収納できる

24 車いすを収納できる スペースを

将 来的に身体の変化、病気などにより歩くことができず、車いす移動を強いられるケースもあります。屋内は、歩行補助具、伝い歩きなどで移動はできていても、屋外を移動する際には道路状況や人ごみでの移動や、介護保険による外部サービスを使用する際に屋外用車いすを利用している人も多いです。そういった時に屋外用の車いすを収納できるスペースがあることで、同居人も生活しやすい玄関になります。

車いすに関しては、コンパクトサイズの車いすを基準としてスペースを考えます。以前は車いすのサイズが大きく、収納するスペースを確保するためには面積を必要としていました。しかし、最近はコンパクトサイズの車いすが、購入・レンタル可能になっています。

安全持続性能の「土間収納」では、コンパクト車いすを畳んだ状態（内法220×865mm以上）[6-3]で収納できるスペースであれば最低基準★となり、コンパクト車いすを広げた状態（内法540×990mm以上）[6-3]で収納できるスペースであれば、最高基準★★★となります。

土間収納

廊下

トイレ

ユーティリティ
ルーム

室内干し
スペース

洗面室

照明

温度

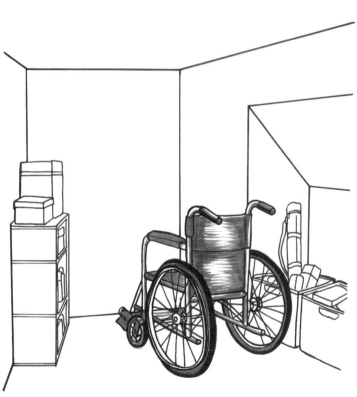

広めの収納は車いすや大型の荷物も収納可能

25 玄関を散らかさない土間収納

Creating a home without injury

車 いすやベビーカーだけに限らず、土間収納を設けておくことで玄関土間を散らかさないことに繋がります。

例えば、子育て世帯であれば外で遊ぶためのおもちゃ、ガーデニングを楽しむ方であれば用具も収納できます。おもちゃは年々増えていきますし、ガーデニング用具はスコップのような小さいものから芝刈り機のように大きいものもあります。こうしたものを収納できるスペースがあると便利です。

また、増えてくる靴を収納するためのシューズボックスを備え付けることで玄関土間に靴が散乱することを防いでくれます。来客時にも靴を片付けやすいというのは安心です。

玄関土間のスペースを確保することで、ものでの滑り、つまずきを防止することができますし、靴着脱のために座れる場所を(05)でも記載したように、将来的にイスを設置することを考えるのであれば玄関土間は空きスペースを確保することが求められます。

玄関土間に収納スペースがあると散らからない

26 一般的な廊下幅を

廊下幅ってどれぐらいが最適なのでしょうか。結論から言うと、芯々910mm以上で安全持続性能の「廊下」で推奨基準★★です。一般的に芯々910mmだと内法が約780mmであり、一般的な車いすや歩行補助具で通行できるのか不安になると思います。コンパクト車いすだと、車幅が540mm、自走は約700mmあれば可能なので [7-1]、内法780mmだと可能です。

また、歩行器の幅が約600mmであり、これも通行可能です。伝い歩きも芯々910mmであれば手を伸ばした時に届く場所に壁があるので可能です [7-2]。

つまり、現在歩行可能で、今後身体の変化などで伝い歩き・歩行補助具を経由していくことを考えると、廊下を設ける場合は、芯々910mmで設計してください。

土間収納

廊下

トイレ

ユーティリティルーム

室内干しスペース

洗面室

照明

温度

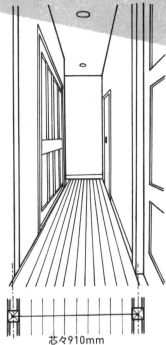

通常の廊下幅。ただし、建築設計では柱芯を基準とするので、内法寸法は約780mm程度となる。

芯々910mm

600mm　700mm

歩行補助具での必要スペース

27

現在、車いす・移乗リフトが必要な場合

一般的な廊下幅を（**26**）で記載した条件は現在歩行可能の場合です。現時点で車いすや移乗リフトが必要な場合は、廊下幅を広げる必要があります。

車いすは一般的なタイプが180°回転するのに約1,200mmが必要です。また、移乗リフトはコンパクトタイプでも最大1,010mmが必要です。つまり、現時点で車いすや移乗リフトが必要な場合、芯々910mmでは狭くなってしまいます [7-3]。

安全持続性能の「廊下」では、芯々1,365mm以上で最高基準★★★となります。これであれば一般的なタイプの車いす、コンパクト移乗リフトは通行可能です。

廊下幅の拡張は建築費用の高騰にも繋がるため、現在の状況などを踏まえて慎重に設定するようにしてください。

Creating a home without injury

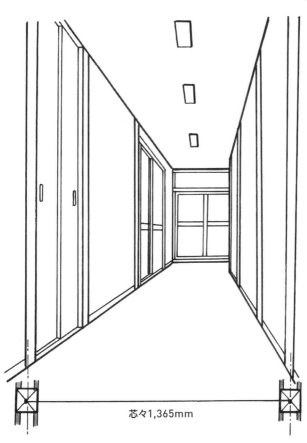

芯々1,365mm

車いす、移乗リストが必要な場合の廊下

28 入り口は引き戸に

ト イレは1日何度も使用する場所であり、排せつ動作は生きていくために欠かせません。また、病気やケガなどにより身体状況が変化し、介護保険による住宅改修で最も多かった場所がトイレです [8-1]。特にトイレのドアを開き戸から引き戸に変更するケースが多いです。開き戸よりも引き戸の方がバランスを崩しにくいので、住まいづくりの段階からトイレの入り口は引き戸にしておくのがベストです [8-2]。

引き戸であれば有効開口部が780mm以上を確保できるので、コンパクト車いす、歩行補助具でも通行することができます。

安全持続性能の「トイレ」では最低基準★、推奨基準★★、最高基準★★★のすべてにおいて引き戸は必須の基準項目になっています。

土間収納

廊下

トイレ

ユーティリティ
ルーム

室内干し
スペース

洗面室

照明

温度

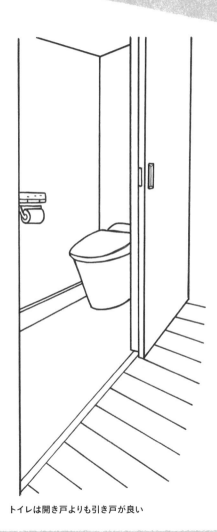

トイレは開き戸よりも引き戸が良い

29 引き戸が設置できない時の対処

現時点で開き戸や、引き戸にしたくても構造上の問題（耐力壁、筋交いなどで控え壁が確保できないなど）でできない場合もあります。そんな時におススメなのが「アウトセット引き戸」「折れ戸」です。

アウトセット引き戸は、控え壁がなくても引き戸を設置できます。壁に直接レールを設置することで引き戸として使用することができるだけでなく、安価に設置することができます。

もう一つは折れ戸です。商品によりますが、有効開口部が広くなる商品もあります[8-3]。

ただし、有効開口部がアウトセット引き戸で760mm、折れ戸が750mm（商品による）なので、控え壁をとれた引き戸の780mmよりは狭くなります。

安全持続性能の「トイレ」では引き戸（アウトセットを含む）であれば基準項目ですが、折れ戸や開き戸は対象外です。

土間収納

廊下

トイレ

ユーティリティ
ルーム

室内干し
スペース

洗面室

照明

温度

壁にレールを
取り付ける

開き戸は、アウトセット引き戸にできる場合も

折れ戸にすると有効開口部が広くなる

30 便器は引き戸と並行に設置

便器の向きも非常に重要です。なぜならば便器の向きによっては「方向転換」の角度が多くなるからです。方向転換とはお尻の向きを変えることであり、便器の正面から進入する場合、方向転換は180°必要です。一方、便器の向きが引き戸と並行、つまり入り口の横に便器がある場合は方向転換が90°で済みます。

転倒直前の動作で3番目に多いのが方向転換ですが、大腿骨骨折の受傷を伴う転倒は直進歩行よりも方向転換の方が8倍多いです [8-4]。つまり、正面進入のように方向転換の角度が多いことはトイレ動作を難しくさせるだけでなく、転倒のリスクも増大させます。

例）1日4回トイレ使用

正面進入の場合、方向転換は

180°＋180°＝360°、360°×4回＝1,440°

便器が入り口の横の場合、方向転換は

90°＋90°＝180°、180°×4回＝720°

土間収納

廊下

トイレ

ユーティリティルーム

室内干しスペース

洗面室

照明

温度

　トイレ動作は毎日何回も行なうので、少しの違いが大きくなります。

　安全持続性能の「トイレ」では最低基準★、推奨基準★★、最高基準★★★のすべてにおいて便器の向きは必須の基準項目になっています。

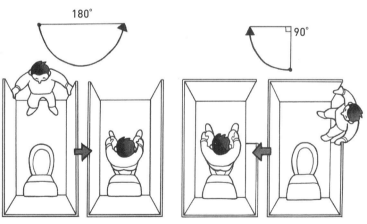

真正面から進入するよりも方向転換の角度が減少する

31 手洗い器の設置

　一般的なトイレの場合、後部にあるタンクの上部にて手洗いができる仕組みになっています。しかし、これだと、便器は引き戸と並行に設置（**30**）で記載したように方向転換が180°必要となります。正面進入で180°、手洗いで180°、トイレを出るのに180°とトイレ動作1回につき540°もの方向転換が必要になります。

　方向転換を少なくすることで高齢者の転倒のリスクを減少させるだけでなく、子どもにとってもメリットがあります。後部にあるタンクの上部に手洗い器があると、小さい子どもがトイレを利用した時には手が届かないことがあります。わが家でもトイレトレーニングを始めた2〜3歳頃ではタンクの上部にある手洗い器では手を洗うことが難しかったです。

　手洗い器を設置することで、方向転換をせずに手洗いを行なうことができ、子どもにとっても手洗いしやすいなど、衛生面でも転倒リスクの面でも有効です。

土間収納

廊下

トイレ

ユーティリティ
ルーム

室内干し
スペース

洗面室

照明

温度

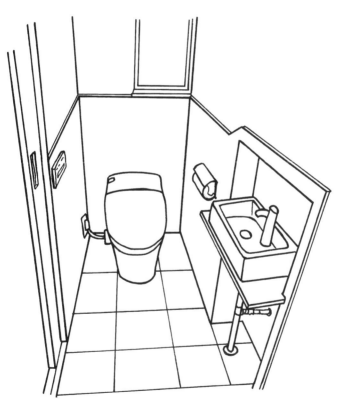

独立した手洗い器を設置

32 トイレは使いやすい広さに（介護、子育て世帯も）

自立してトイレ動作ができていることが望ましいですが、場合によっては介助が必要になるケースもあります。トイレは1日に何度も利用する場所なので、介助が必要な場合、介助者への身体的負担は大きくなります。

また、子育て世帯であればトイレトレーニングが必要です。子どもと一緒にトイレに入って洗体を行なったりする時には、適度にスペースがあると行ないやすいです。

つまり、トイレを使いやすい広さにしておくことは将来介助が必要になった場合やトイレトレーニングをしている子育て世帯にとって恩恵があるということです。

安全持続性能の「トイレ」では、推奨基準★★は芯々910×1,820mm以上、最高基準★★★は芯々1,365×1,820mm以上です。推奨基準★★であれば車いすからの移乗、最高基準★★★であれば車いす介助も可能となります。

土間収納

廊下

トイレ

ユーティリティ
ルーム

室内干し
スペース

洗面室

照明

温度

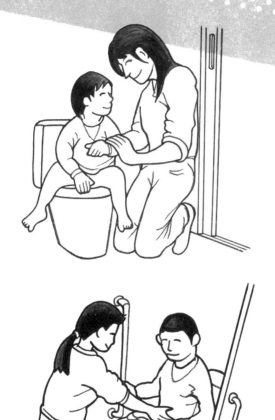

幼児期はトイレトレーニングができ、介護期はもしもの介助に対応できる

33 自由度が高い部屋を

安 全持続性能の基準項目の中には「ユーティリティルーム」を設けています。これはその名の通り「役に立つ部屋」という意味です。筆者の自宅でも採用しているこの部屋はライフスタイルなどに応じて部屋をカスタマイズすることができます。

他の使い方としては室内干し、家事やデスクワークスペースとしても使用できます。つまり、一つの使い方に限定している部屋ではないので、住んでいる人の状況に応じて使い分けることができます。実際に筆者も、お昼寝部屋、おもちゃ部屋として使用して、これからは子ども達の勉強部屋として使用する予定です。

安全持続性能の「ユーティリティルーム」では、最低基準★では、自由度が高い部屋を1階に設けることです。

例)
赤ちゃんのお昼寝部屋
↓
子どものおもちゃ部屋
↓
勉強部屋
↓
夫婦の趣味部屋
↓
寝室

Creating a home without injury

土間収納

廊下

トイレ

ユーティリティ
ルーム

室内干し
スペース

洗面室

照明

温度

自由度が高い利用方法

34 将来的に寝室に

Creating a home without injury

高齢者になって日常よく行なう動作で「階段を1階上までのぼる」が難しくなったと回答した方の約30％が自力でのぼれません [9-1]。つまり、2階に寝室があった場合、一人では階段をのぼれないため、使用できなくなるかもしれません。実際に医療従事者として病院に勤務している時も階段ののぼりおりが難しいため、2階から1階に寝室スペースを移すことも多かったです。しかし、1階にそのようなスペースがなく、大規模なリフォームや片付けが必要になったケースも多いです。

　また、階段を介助してのぼりおりするには住宅内の階段はスペースが狭いです。それだけでなく、階段の介助中に介助者も一緒に転落する危険があります。これらのことから1階に将来寝室にできるスペースがあることは将来のリスク回避となります。

　ただし、1階に「寝室のため」だけのスペースを設けるのは建物面積を大きくして、価格を高騰させてしまう要因となります。そこで、自由度が高い部屋を (**33**) でも記載したようにライフスタイルに応じて様々な使い方がで

154

将来的に寝室として利用

きる部屋にすることで、子どもにとっても、現役世代に
とっても使いやすい間取りになります。

　安全持続性能の「ユーティリティルーム」では、推奨
基準★★は芯々1,820×2,275mm以上(自由度が高い部屋
かつセミシングル×2+人が通るスペース)、最高基準★★★は
芯々2,730×2,275mm以上(自由度が高い部屋を1階に設け
るかつシングルベッド×2+人が通る)のスペースを設けるこ
ととしています。

土間収納

廊下

トイレ

ユーティリティ
ルーム

室内干し
スペース

洗面室

照明

温度

35 メリットが多い 室内干し

以前はベランダ・バルコニーを設けて洗濯物を屋外干しすることが一般的でした。ただし、最近の状況では屋外干しすることが難しくなっています。

現在、共働き世帯が増加しており [10-1]、日中に家事を行なうことが難しくなっています。洗濯物を干すのは一般的な共働きであれば、仕事から帰ってきて行ないます。しかし、天候によっては屋外干しができないことも多いです。季節によっては夜干しすることが億劫になることも考えられます。また、屋外干しは花粉や地域によっては黄砂の影響を受けるだけでなく、虫の付着なども起こります。

こうしたことから共働きであっても時間・天候関係なく、花粉や黄砂・虫の付着を防止してくれる室内干しはとてもメリットが多いのです。

安全持続性能の「室内干しスペース」では、推奨基準★★では2階に洗濯室もしくは洗濯スペース（1階に将来的な洗濯スペースを考慮）です。

土間収納

廊下

トイレ

ユーティリティ
ルーム

**室内干し
スペース**

洗面室

照明

温度

室内干しであれば天候、時間が関係なく干すことが可能

36 洗濯動線は 1階に集める

将　来的に寝室に（**34**）でも記載したように、高齢者になると階段をのぼることが難しくなる可能性があります。そうすると2階に移動することが難しくなり、一般的に2階に設置されているベランダ・バルコニーへの移動もできなくなります。洗濯物を干す場合、洗濯かごに水分を含んだ洗濯物を運ぶため、バランス不良による転落の恐れも出てきます。

　また、妊娠に伴う体重増加では、階段の使用や洗濯物を干す動作で転倒の怖さを感じやすく [10-2]、高齢者だけでなく、妊婦が使いやすいことを考えると、室内干しスペースとしては1階に設けるのがベストです。

　安全持続性能の「室内干しスペース」では、最高基準★★★は1階に洗濯室もしくは室内干しスペースです。

Creating a home without injury

土間収納

廊下

トイレ

ユーティリティ
ルーム

室内干し
スペース

洗面室

照明

温度

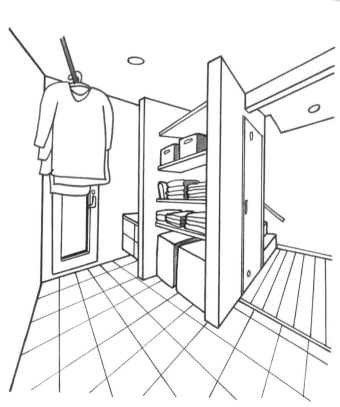

1階に室内干しスペースを

37 室内干しスペースが設けられない場合

内干しスペースを設けることができず、現在ベランダで干している方は代用方法を実践してください。

▶ 乾燥機もしくは乾燥機能付き洗濯機

▶ 浴室乾燥機

上記の2つであれば洗面室を利用して設置することが可能です。最近では乾燥機を利用している方も増えています。

ただし、機械で乾かす方法なので、故障リスクもありますし、乾燥できる容量が多くないので購入の際にはその点も考慮した上で導入してください。

Creating a home without injury

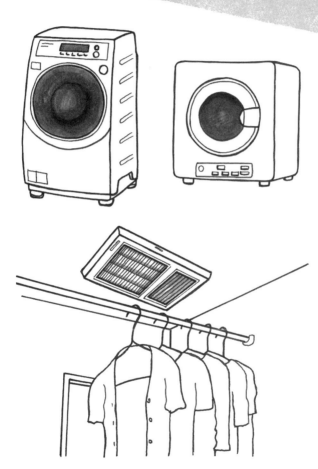

室内干しスペースがない場合の代用方法
（ドラム式洗濯乾燥機、ガス乾燥機、浴室乾燥機）

38 洗面室（脱衣室含む）は 生活の質を左右する

Creating a home without injury

洗 面室は洗顔、化粧、歯磨きなどの整容動作だけでなく、入浴時の脱衣室を兼ねているケースが多いです。そのため、生活動線に必ず含まれており、洗面室の使いやすさは「生活のしさすさ」に結びつきます。そして、洗面室での動作は様々な動作のリスクに直結するのです。

　まず、洗顔、化粧、ヒゲ剃りなどの見た目を整える動作について。スキンケアや化粧を毎日行なっている場合、スキンケアや化粧をしていない、もしくは外出の時だけに比べると週4回以上の外出の割合が増えます [11-1]。外出が減るということは「QOL（生活の質）の低下」「活動量の低下」「社会交流の低下」に繋がります [11-2,11-3]。

　次に歯磨きについて。歯磨きには口腔内の細菌や汚れを除く役割がありますが、口の中の細菌が増加した場合、それらが気管から肺に侵入（誤嚥）することで、誤嚥性肺炎の危険が高まります [11-4]。

　最後に脱衣・着衣動作について。入浴時には脱衣・着衣動作を行なう必要がありますが、特に下衣の脱衣・着

土間収納

廊下

トイレ

ユーティリティ
ルーム

室内干し
スペース

洗面室

照明

温度

肺炎予防、転倒予防、引きこもりにならないために

衣時では片脚立位の姿勢になるため、転倒しやすくなります。

　洗面室には「洗面台」「収納スペース」「洗濯機」だけでなく、「イス」「歩行補助具」が置けるスペースがあることが望ましいです。

39 洗面室を広くする

Creating a home without injury

　　洗　面室（脱衣室含む）は生活の質を左右する（**38**）で記載したように、洗面室を使用することによって様々なリスク回避ができるとともに、洗面室での動作によってリスクになることもあります。現在は使いやすくても、身体が変化した場合は使いにくさを感じることもあります。その一つとして歩行補助具で洗面室に入れない。もう一つはイスに座って脱衣・着衣するスペースがない。

　それらを解消するために、洗面室は広く設計することが望ましいです。安全持続性能の「洗面室」では、推奨基準★★は芯々1,820×1,820mm以上、最高基準★★★は2,275×2,275mm以上です。これであれば、一般的な洗面台、トールキャビネット、洗濯機だけでなく歩行器、イスを設置することができます。また、子育て世帯であれば子どもの入浴後に身体を拭く動作や脱衣・着衣動作の手伝いもしやすい広さになります。朝の混雑時にも余裕をもって支度ができます。

土間収納

廊下

トイレ

ユーティリティ
ルーム

室内干し
スペース

洗面室

照明

温度

洗面室は広く

40 洗面室だけ 広くできない場合

洗　面室だけを広くできない場合、室内干しスペース
と共同にすることも考慮してください。個別でス
ペース確保するのではなく、一つのスペースとして考え
ることもできます。また、イスに関しては必要に応じて
後から設置できますので、備え付けにする必要はありま
せん。ちなみに室内干しスペースを設けた場合には、洗
濯機をそちらに設置することで洗面室を広く使用するこ
とができます。筆者の自宅でも洗濯機は室内干しスペー
スに設置しています。

　子育て世帯や共働き世帯であれば朝の支度で洗面室は
混雑することが考えられます。そういったことから洗面
室は生活の質において重要な場所と捉えることができ、
洗面室で直近で必要なもの、今後必要なものが置ける空
間にすることが求められます。

土間収納

廊下

トイレ

ユーティリティ
ルーム

室内干し
スペース

洗面室

照明

温度

洗濯機は室内干しスペースに設置することで、洗面室が広く使える

41 人感センサー、光センサーを設置

人の動きを感知して点灯する「人感センサー」もしくは明るさに応じて点灯する「光センサー」を各所に設置してください。暗がりに足元灯を (10) でも記載したように、照明は転倒・転落リスクを減少させるのに有効ですし、照明があることで暮らしやすさにも直結します。しかし、照明の点灯・消灯をスイッチで毎回行なうことは住まい手に意識的にしてもらうことが求められるため、忘れてしまって点灯しないケースも考えられます。

それらを仕組み化で解消するために安全持続性能の「照明」では、推奨基準★★は人感センサーもしくは光センサーを階段、玄関、廊下のうち2箇所に設置することが必要です。

土間収納

廊下

トイレ

ユーティリティ
ルーム

室内干し
スペース

洗面室

照明

温度

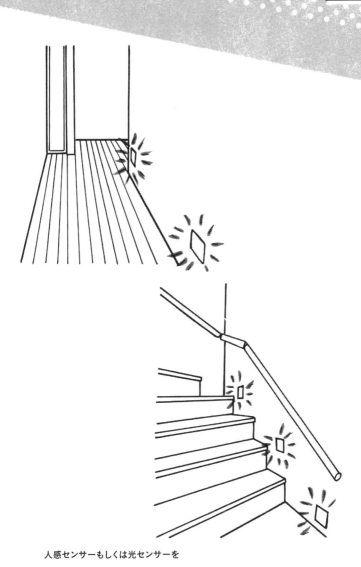

人感センサーもしくは光センサーを

42 リモコン操作
できるものを

ベッドから照明スイッチの位置が離れている場合、消灯した後に暗がりの中、ベッドまで移動しなければなりません。暗い中での移動はリスクだけでなく、恐怖心も与える可能性があります。特に寝室の場合、ベッドに入ってからリモコンなど遠隔操作で消灯・点灯ができる仕組みにしておくのは重要です。最近ではシーリングライトだけでなく、リモコン付きのダウンライトも発売されているので、選択肢の一つになります。

安全持続性能の「照明」では、最高基準★★★は、リビング・寝室の照明をリモコン操作できるタイプを採用することと階段、玄関、廊下のすべてに人感センサーもしくは光センサーを設置することが必要です。

ただし、予算の関係で住まいづくりの段階で設置が難しい場合は、階段、玄関、廊下にコンセントを増設しておくことで後から設置することも可能です。また、玄関にコンセントがあることで、電動自転車のバッテリーの充電など様々な場面で使用することができます。

土間収納

廊下

トイレ

ユーティリティルーム

室内干しスペース

洗面室

照明

温度

リモコンで点灯、消灯ができる照明

43 温度計を置こう

温 度は目に見えないものであり、「2章 5 身体の変化」(p.38) でも記載したように、加齢による感覚鈍麻 (感覚がにぶくなる) は温度の感じ方にも影響を及ぼします。年齢を重ねるとどうしても感覚で測ってしまうと誤差が出てしまいます。

そのため、温度を可視化するために温度計を設置することが良いです。設置する場所としてはリビング、トイレ、洗面室、寝室には設置してください。最近の商品ではスマホから各部屋の温度を確認できるため、外出先からチェックすることもできます。

安全持続性能の「温度」では、推奨基準★★は、温度計を設置することが条件です。

Creating a home without injury

土間収納

廊下

トイレ

ユーティリティ
ルーム

室内干し
スペース

洗面室

照明

温度

温度計を設置する

44 温度の目安

住 宅内の温度によっては夏は熱中症、冬は呼吸器・循環器系の健康リスクがあります[13-1]。夏は室温が28℃を超えると急激に熱中症のリスクが高まるとされています[13-2]。また、冬場の室温が18℃を下回っていると高温浴の割合が増えるため、浴室内での熱中症リスクも上がります[13-3]。それらを解消するためには、住宅内の温度を安定させる必要があります。室温が18℃よりも低くなると短時間でも下肢筋力の低下や歩行速度の低下などの影響が出現し、結果的に転倒リスクが高まります[13-4～6]。

安全持続性能の「温度」では、最高基準★★★は、夏は最高室温28℃以下、冬は最低室温18℃以上にする（空調などを使用）ことが条件です。

冬18℃以上、夏28℃以下に保つ

温度によって健康被害が出現する

土間収納

廊下

トイレ

ユーティリティ
ルーム

室内干し
スペース

洗面室

照明

温度

45 温度差をなくそう

住 宅内の最高・最低室温だけでなく、温度差にも注意をしてください。報道などもされていて一般的に知られている、リビングと廊下、洗面室、お風呂場の温度差によって引き起こされると言われている「ヒートショック」。温度差により、その他の健康被害も報告されるなど、住宅における温度差に注目が集まっています。

これらの観点だけでなく、安全持続性能の中では「活動量」「歩数」などの観点からお伝えしています。

温度差が3-4℃と比較して、6℃になった場合は活動時間の短縮・歩数の減少に繋がっており [13-7,13-8]、結果として筋力低下を招き、心身機能の点から転倒リスクを増大させてしまいます。

安全持続性能の「温度」では、最高基準★★★は部屋間の温度差は5℃以内にする（空調などを使用）ことが条件です。

寒いと活動時間が短くなる

6-1. ニューウェルブランズ・ジャパン合同会社：Aprica、ベビーカー

6-2. ニューウェルブランズ・ジャパン合同会社：Aprica、カルーンエアーAB

6-3. 株式会社スワニー：スワニーミニ

7-1. 株式会社スワニー：スワニーミニ

7-2. 経済産業省：size-JPN 2004-2006 調査結果

7-3. 株式会社ミクニ：マイティライトⅢ

8-1. 厚生労働省：平成18年身体障害児・者実態調査結果

8-2. 野村 歓、橋本 美芽、上田 瑞昌、西村 顕：OT・PTのための住環境整備論、第3版、三輪書店、2021

8-3. 大建工業株式会社：DAIKEN 折れ戸

8-4. Cumming RG, Klineberg RJ: *Fall frequency and characteristics and the risk of hip fractures*, J Am Geriatr Soc, 42,1994, pp.774-778

9-1. 内閣府：高齢者の健康に関する調査結果（全体版）

10-1. 総務省：労働力調査

10-2. Inoue-Hirakawa T, Ito A, Iguchi S, Watanabe H, Kato C, Sugiura H, Suzuki S: *The effect of simulated gestational weight gain on balance, gait, and fear of falling*, Nagoya J Med Sci, 83 (1), 2021, pp.41-49

11-1. 株式会社資生堂：化粧療法研究室 ハカセのブログ

11-2. 鈴木 みずえ：認知症高齢者の転倒予防：認知症高齢者の視点からの転倒予防のエビデンスと実践、日本転倒予防学会誌、2 (3)、2016、pp.3-9

11-3. 鈴木 みずえ、金森 雅夫：認知症高齢者の転倒予防におけるエビデンスに基づく ケア介入日本転倒予防学会誌、1、2015、p.3-9

11-4. 厚生労働省eヘルスケアネット：要介護者の口腔ケア

13-1. 一般社団法人 日本サステナブル建築協会：住宅の断熱化と居住者の健康への影響に関する全国調査 第6回報告会 〜国土交通省スマートウェルネス住宅等推進事業調査による住環境政策に資する最新の医学的エビデンス〜、2022

13-2. 山下 駿、多胡 雅毅、織田 良正、織田 正道、山下 秀一：高齢者の熱中症が室内で発症し得る室温のIoTを用いた観察研究、日本気象学会雑誌、57 (2)、2020、pp.95-99

13-3. 一般社団法人 日本サステナブル建築協会：断熱改修等による居住者の健康への影響調査中間報告 第3回、2019

13-4. Lindemann U, Oksa J, Skelton DA, Beyer N, Klenk J, Zscheile J, Becker C.: *Effect of cold indoor environment on physical performance of older women living in the community*, Age Ageing, 43 (4) , 2014, pp.571-575

13-5. 柳澤 恵、伊香賀 俊治、安藤 真太朗、樋野 公宏、星 旦二：住宅の温熱環境及び断熱性能による身体活動への影響、日本建築学会環境系論文集、80 (716)、2015、pp.985-992

13-6. 金 憲経：転倒リスクと歩行との関連、バイオメカニズム学会誌、38 (4)、2014、pp.233-239

13-7. 株式会社住環境研究所：温度差の少ない室内環境で高齢者の身体活動量が多いことを確認─フロア暖房群と部分暖房群の室内温度と活動量調査で─、2013

13-8. 厚生労働省：身体活動・運動

Creating a home without injury

Chapter

7

図解 安全持続性能

その他編

浴室、ベランダなど
万が一の
危険防止のために

46 手すりの考え方

住まいづくりの段階で、浴室に手すりを設置するべきか悩みますよね。結論を言うと必要性が低い場合、最初の段階では設置不要です。理由は2点あり、一つは住宅改修にて浴室に手すりを設置しても使用していないケースもあること [14-1]。もう一つは浴室の動作補助具にはレンタル可能な種類があることです。新築であれば簡易的な手すりが標準で浴槽についている商品もあり、L字型手すりを緊急で必要としないこともあります。また、浴室の動作補助具もレンタルで使用可能です。例えば腰掛けしやすい浴槽内台や、浴槽からの起立・またぎ動作で使用できる簡単に浴槽につける手すりもレンタル可能です。これらのことから身体状況がすでに変化している場合（加齢、病気やケガの後遺症も含む）を除き、設置をしなくても良いと考えています。浴室は劣化の影響などでリフォームが必要な箇所であり、その際に手すり設置を考えるのも選択肢です。

　ちなみに、入浴に関連する動作は手順も多いため、介護保険を利用してヘルパーなどに動作介助を依頼、デイ

入浴動作は手順が多い

サービスなど外部サービスを利用するケースも多いです。
そのため、自宅での入浴だけでなく、多方面の力を借り
る可能性を考慮しておく必要があります。

47 浴室に手すりを設置する場合

Creating a home without injury

浴 槽横にL字型手すりを設置する場合は、「横の手すりが浴槽から100〜150mm上の位置」「横手すりは浴槽内に座った時の肩口から（実際に座ってもらって要確認）」の位置に設置してください。一般的に販売されているL字型手すりの商品では横600×縦800mmが良いです。

浴槽へのまたぎ用には、浴槽の縁の直上に縦の手すりを設置してください。縦手すりの下部が「8 手すりの高さは大腿骨大転子を目安に」で示した高さに合わせ、高さは800mmが良いです。また、座ってまたぐ場合は、浴槽のふちに座るスペースがないことが多いです。その時には、バスボードと呼ばれる浴槽の両ふちに渡すボードを使用するのが良いです。それを使用することで、座った状態で浴槽をまたぐことができます。

浴室

キッチン

窓・ベランダ

玄関ドア

浴室内での手すり設置のケース

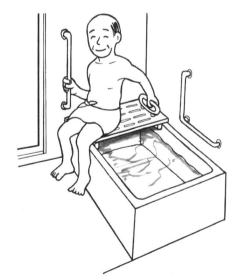

立った状態でまたげない方はバスボードを使用

48 ベビーゲートの設置を

子どもの住宅内での事故発生場所で最も多いのが「キッチン」です [15-1]。キッチンでは誤飲、ヤケド、切傷などの事故が発生しやすく、0〜6歳における事故別救急搬送の割合でも上位です [15-2]。誤飲は命に関わることもありますし、ヤケドに関しては1〜2歳でも据え置き型、ビルトイン型のコンロに手が届くようになるため、事故が発生しやすくなります [15-3]。コンロだけでなく、炊飯器、電気ポットなどキッチンはヤケドしやすいものがたくさん配置されています。大人よりも深いヤケドになることも多く [15-3]、場合によっては治療に時間を要したり、後遺症が残るケースもあります。切傷は包丁による深いキズになることで、神経や手指・手関節の腱を損傷することもあります。実際に筆者も、包丁にて切傷し、神経断裂や手指腱断裂をした子どもをたくさん担当しました。この場合、手術だけでなく、リハビリも難渋するため、日常生活を制限する必要があります。

図解 安全持続性能
Part 3

Chapter 7
その他編

浴室

キッチン

窓・ベランダ | 玄関ドア

　親が24時間子どもを見ていることはできませんし、子どもは親の真似をしたいと考えます。「キッチンには進入させない」ことが重要です。

ベビーゲートを設置することで進入できない

49 ベランダから 転落防止のために

昨 今、マンションのベランダ、窓から子どもが転落する事故が報道されています。「窓・ベランダには足をかけられるものを置かない」という対策方法は認知されてきておりますが、室外機の位置など、住まい手が変えることが困難な場合もあります。

そこで大事になるのが「ベランダに進入させないために窓を開けられないようにしておく」ということです。これは掃き出し窓だけでなく、腰高の窓にも当てはまります。最近発売されている窓には、補助錠やストッパーがついていることもあります。ここにもう一つ上部に補助錠もしくはストッパーを取り付け、子どもが手が届かない状況にすることが重要です。これはもちろん転落防止に役立ちますが、防犯面でも役立ちます。これは既存住宅でも行なうことができる対策です。

浴室

キッチン

窓・ベランダ

玄関ドア

ベランダからの転落事故は社会問題になっている

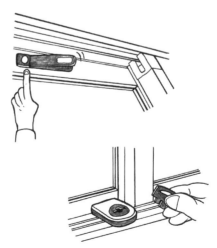

ストッパーで侵入防止。防犯対策にも役立つ

50 玄関引き戸も選択肢に

一般的な住宅では玄関はドア（開き戸）にしているケースが多いです。金額の観点や、スペースや気密性などを考慮して玄関ドアを採用していることもあります。

上記をクリアできるのであれば、玄関引き戸にすることも選択肢の一つです。玄関引き戸にしておくことで、身体の変化に対応しやすく、有効開口部が広くなることから、車いす・歩行補助具を使用したとしても出入りが玄関ドアよりも行ないやすいです。しかし、住宅の高性能化から、玄関は開き戸のドアを採用するケースが多いです。理由としては断熱性、気密性が確保できるためです。引き戸にした場合はこれらが低下するため、採用したくても採用できない背景がありました。

ここ最近は高性能玄関引き戸も登場しており、性能面と使いやすさの両面でバランスが良い選択肢になると思います。

図解 安全持続性能
Part 3

Chapter 7
その他編

浴室

キッチン

窓・ベランダ

玄関ドア

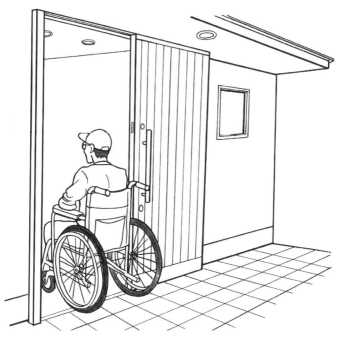

有効開口部が広くなっている

14-1. 若林 孝明、石井 隆、九里 美和子、宮内 吉則：住宅改修における現状と課題　住宅改修を指導した後、有効に使われていますか?、理学療法湖都 29 号、2010、pp.49-55
15-1. 消費者庁：家の中の事故に気をつけましょう、2020
15-2. 消費者庁：平成 30 年版消費者白書、2019
15-3. 行政独立法人 国民生活センター：こんろのグリルでの子どものやけどに注意 ―使用後でもグリル窓は高温です―、2017

おわりに

「大切な人を守ろう」

このページを読んでいるみなさんは、きっと「住宅の危険」「安心・安全な家づくり」について非常に意識が高まっていることでしょう。

一つでもあなたの心に残る言葉、場面があれば幸いです。

この本を書き上げることができたのも、出会った人たちのおかげだと思っています。

本の出版にあたり、担当していただきました学芸出版社の知念さんを始め、スタッフの皆さま、帯の言葉を書いていただいた構造塾・佐藤実さんにも感謝を申し上げます。

また、私の想いに共感して、一緒に家づくりをしてくれている「安全持続性能の会」に所属している住宅会社・工務店の皆さま、ありがとうございます。

そして、病院から独立する時に一番に背中を押してくれた妻、いつも私を元気にさせてくれる3人の子ども達に勇気づけられ、ここまで活動ができています。本当にありがとう。

この本を手に取り、読んでくださってありがとうございました。

「安心・安全な間取りでより良い住宅内環境を実現」、そしてそれが自分たちの「大切な人を守る」ために、この本が一助になれば幸いです。

2023年7月

満元貴治

◆ 著者略歴

満元貴治(みつもと・たかはる)／活動名：ヨシロー

1987年広島生まれ。作業療法士として病院に11年勤務。医療従事者として3,000人以上の患者さん、100件以上の住宅改修・家屋調査に携わる。2021年に病院を退職し、安心・安全な住宅内環境をテーマに「安全な家づくりアドバイザー」として、2022年に株式会社HAPROTを立ち上げ、活動をしている。現在、顧問・協業先合わせて20社以上、YouTube「ヨシローの家」などSNSでも活躍。建築業界だけでなく、医療業界や自治体での講演会、大学の特別講義など実績多数。

株式会社 HAPROT　https://www.yoshironoie.com/

ヨシローの家【安全な家づくり】
https://www.youtube.com/@yoshironoie（YouTube チャンネル）
https://x.com/yoshironoie（X アカウント（旧Twitter））
https://www.instagram.com/yoshironoie/（Instagram アカウント）

作業療法士が伝えたい **ケガをしない家づくり**
住宅内事故を防ぐ50の方法

2023年9月15日　　第1版第1刷発行

著　　者　満元貴治

発 行 者　井口夏実

発 行 所　株式会社 学芸出版社
　　　　　〒600-8216　京都市下京区木津屋橋通西洞院東入
　　　　　電話 075-343-0811
　　　　　http://www.gakugei-pub.jp/
　　　　　E-mail info@gakugei-pub.jp

編集担当　知念靖廣

イラスト　野村 彰
装丁・デザイン　金子英夫（テンテツキ）
Ｄ Ｔ Ｐ　KOTO DESIGN Inc.　山本剛史・萩野克美
印　　刷　創栄図書印刷
製　　本　山崎紙工

© Takaharu MITSUMOTO 2023　　　　　　　　　　Printed in Japan
ISBN 978-4-7615-2867-6